謹將本研究獻給
我摯愛的父親張鶴萬先生

臺北市興隆一區社會住宅

臺北市興隆二區社會住宅

臺北市青年社會住宅一期

臺北市松山區健康社會住宅

新北市新店央北社會住宅

新北市中和青年社會住宅

新北市永和秀朗派出所青年社會住宅

新北市林口世大運選手村社會住宅

新北市三重青年社會住宅

臺中市大里光正段社會住宅第一期

臺中市太平育賢社會住宅第一期

桃園市八德一號社會住宅

台灣社會文化研究叢書4

臺灣社會住宅政策之政經分析，

2010-2020

張志源著

蘭臺出版社

自序

　　臺灣在解嚴後，都會區住宅的高房價成為居住正義的重大問題。自從馬英九總統回應社會住宅推動聯盟訴求，裁示未來要興建只租不售的「社會住宅」開始，歷經蔡英文總統宣示 8 年內興建 20 萬戶只租不售的社會住宅政見，以及社會住宅推動聯盟對於社會住宅政策的批評與建議，臺灣社會住宅政策雖仍有待精進之處，但不可諱言，已逐漸邁入軌道。

　　檢視臺灣社會住宅政策的源頭，一開始便侷限在新北市及臺北市的居住議題，此與當時二市的選舉及購屋壓力有極大關係，但隨著行政部門及第三部門的倡議，此政策逐步推廣到全國各地。

　　本研究採用謝茨施耐德（E. E. Schattschneider）及蕭全政之理論概念進行分析，透過「偏差」及「偏差動員」分析臺灣 2010－2020 年社會住宅政策的「行為者」及該政策「偏差動員」之形成、運作及變遷，試圖討論相關的整體政經結構與脈絡的流轉關係，最後歸納該政策的特殊性。以下就各章探討的重點說明如下。

　　第一章進行問題意識分析、文獻回顧與檢討，並提出分析觀點與架構，進行章節安排。

　　第二章討論「社會住宅政策倡議與反對階段」（2010－2011），重點放在分析當時社會各界對社會住宅推動的正反意見，以及社會住宅推動聯盟的倡議內容，並對最初中央政府的政策思維進行綜整，還有探討地方民眾反彈聲浪的原因。

　　第三章討論「社會住宅政策執行停滯與變動階段」（2012－2015），重點放在分析社會住宅政策推動停滯原因、民間團體發動「巢運」之訴求內容及中央政府與地方政府政策執行內容。本章特別去分析當時法令制度的建立過程，「整體住宅政策」成為社會住宅之重要綱領，「社會住宅興辦計畫」作為執行方針，《住宅法》作為社會住宅母法，訂有專章，該法的子法並規定社會住宅設施設備及社會福利服務內容，此外立法院也修正《都市計畫法》，將「社會福利設施」列為都市計畫之公共設施。這個階段可看到社會住宅政策成為行政院逼降房價的工具之一，但卻需面對興建土地及資金問題，所以中央政府許多執行構想紛紛出現，包括活化閒置空間、獎勵民間興建及增加容積獎勵等，地方政府也開始思考執行方案可行性，但初期社會住宅推動聯盟並提出了批評，認為政府應擺脫對「居住對象」、「租金」和「財務」等盲點，才能真正解決困難，此對社會住宅政策制定造成影響。社會住宅政策議題也在此階段成為直轄市長選舉及總統大選的選戰焦點，特別是當時總統候選人蔡英文宣示 8 年內興建 20 萬戶只租不賣的社會住宅，掀起藍綠陣營激烈攻防。

　　第四章討論「社會住宅政策轉變與更新階段」

（2016－2020），重點放在分析中央政府提出社會住宅政策相關配套方案，主要可見到《住宅法》修法及地方政府的初步執行成果，本章特別就此階段完成的重要社會住宅案例進行分析，討論其建築計畫及如何與政策配合。

　　第五章歸納本研究分析重點，討論臺灣社會住宅政策的特殊性及建議意見。

　　本研究討論臺灣社會住宅政策初步執行階段，希望能提供大眾瞭解此政策之因果脈絡，並作為政府未來社會住宅政策執行之參考。

張志源　謹致

目　次

圖目次

表目次

第一章　　緒論

　　社會住宅概念最早源於歐洲，各國的社會住宅名稱不同，實質意義也不相似，例如歐洲稱為「社會出租住宅」（Social Rented Housing），美國稱為「公共住宅」（Public Housing），日本稱為「公營住宅」。臺灣在《住宅法》訂定後，定義「社會住宅」為「由政府興辦或獎勵民間興辦，專供出租之住宅及其必要附屬設施」[1]。

　　本研究主要對臺灣社會住宅政策進行政經分析，時間放在 2010－2020 年社會住宅制度建立到初步執行的階段。

　　本章先概述問題意識，再進行文獻回顧與檢討，然後說明分析觀點與架構，從政治經濟角度以「偏差」及「偏差動員」概念分析臺灣社會住宅政策，提出與既有社會住宅研究分析之不同處。

第一節　　問題意識

　　社會住宅政策出現於 19 世紀歐洲，當時歐洲的社會住宅是階級衝突下發展出來的居住模式，扮演著降低生產成

1　內政部，2021d，《住宅法》（2021 年版）。

本，維繫勞動力再生產，化解社會階級矛盾與衝突，有利於資本主義獲得廉價勞動力的角色 [2]。

二次世界大戰後，社會住宅扮演著介於資本主義社會中租用住宅供給與消費模式的中間過渡角色 [3]，並逐漸與社會正義緊密相連 [4]，大抵認為透過社會住宅治理，可彰顯政府對於居住正義的堅持。有研究指出，不同國家的經濟及社會政策走向，會決定社會住宅的發展及住宅單元品質，都市規劃思維也會對社會住宅設計特色產生影響 [5]。

各國社會住宅政策為了避免居民被標籤化，會讓不同住戶群體能夠分散混居，並提升建築外觀設計與空間品質，融入周圍社區。

住宅政策隨著政治與經濟脈絡變化更迭，而社會住宅是保障居住權益的重要方向。國外社會住宅政策的出現、發展與改變，會受到社會及政治環境的影響。例如：

一、美國公共住宅政策：透過政府與私人住宅擁有者簽訂多家庭出租住宅合約，補貼低收入家戶去租屋，影響了高齡者與身心障礙人士出租住宅計畫 [6]。

二、法國社會住宅政策：採用混合模式，社會住宅不進

2　Forrest, Ray，2012，〈社會住宅：過去、現在和未來〉，《住宅學報》，頁 93。

3　Harloe, M., 1995, The People's Home? : Social Rented Housing in Europe & America, pp.1–13.

4　Harloe, M., 1995, The People's Home? : Social Rented Housing in Europe & America, pp.545–547.

5　Brushett, Kevin, 2007, "Where will the People Go: Toronto's Emergency Housing Program and the Limits of Canadian Social Housing Policy, 1944–1957.", pp.375–399.

6　Henriquez, S., 2011, "Wandering in the Wilderness Forty Years- A Review of Government Subsidy Programs and the Housing Situation in Taiwan ", pp.8–20.

行出售，政府以公權力帶動建商興建社會住宅，降低利潤，提供人民合理租金，在社區照顧也給予不同身分者及不同管道的申請，包括學生、一般公民、公務人員等[7]。

三、荷蘭社會住宅政策：政府透過政策誘因，以第三部門成立住宅法人之方式執行，關注高齡者、肢體障礙者、少數族群及無家可歸者等族群，活化社區，改善生活機能，確保健全運作，社區照顧的策略採用混居方式，結合照護服務[8]。

四、德國住宅合作社政策：對公益性住房和低價住房租金加以限制，並對低收入家庭進行住房補貼，提供長期低息貸款等，使房租降低到社員能夠負擔之水平[9]。另德國老年共同住宅，搭配合作社的推行，就住宅規劃設計、資金籌措、工程營建及公共事務營運管理，進行合作、分享、自治及共生模式，產生經濟、生態環境及社會的永續效益，滿足高齡者對於共同住宅的需求，也提昇居住品質[10]。

五、日本公營住宅政策：呈現居住、工作、醫療照護、

7　梁玲菁，2016，〈巴黎的「休戚相關」社會住宅政策〉，頁 6-9；梁玲菁，2018，〈實現法國住宅政策與照顧—探尋巴黎協力的社會經濟組織與啟示〉，頁 8-23。

8　Jeroen van der Vee，2011，〈荷蘭阿姆斯特丹住宅協會的角色與歷史〉，頁 58-75；黃麗玲，2011，〈社會住宅政策與社會轉型的新視野〉，頁 14。

9　陸介雄、宓明君、李天霞，2006，《住宅合作社立法研究》；梁玲菁、蔡孟穎，2017，〈德國住宅合作創新城市永續發展〉，頁 5-17；梁玲菁，2017，〈住宅合作社的跨代照顧與連結〉，頁 30-42；李宜芸，2016，〈德國柏林共居解決這個市代的孤獨〉，頁 95-97。

10　鄭傳儒，2019，〈探索德國老年共同住宅〉，頁 38-43。

生活與社會關係面向的多元機制，融合高齡者居
住安定思維，強調社會整合的意義[11]。

六、韓國社會住宅政策：政府提供以住宅為中心的福利
　　服務，解決弱勢者居住問題，使弱勢者容易在都
　　市中找到工作，減輕生活負擔。在較邊緣且弱勢
　　人口聚集的社區中，設置社會福祉中心館，委託
　　民間福利團體代為協助經營，提供福利服務[12]。

　　臺灣解嚴後，在五都選舉之際，都會區住宅問題，因為
高房價，成為重大的都市問題與民怨[13]，針對居住而非產權
的社會住宅，是國家機關必須面對的首要課題。

　　1999 年國內住宅長期供需失調，價格起伏波動，故《住
宅法》的討論一直被注意，但也一直被擱置。2010 年 8 月
26 日「社會住宅推動聯盟」成立後，強力推動社會住宅政
策[14]，馬英九總統為回應該聯盟訴求，裁示會興建只租不售
的「社會住宅」，以解決大臺北都會地區的居住問題[15]。
自此之後，社會住宅政策不斷滾動修正，居住者逐漸多樣
化，也因為政策實現與總統選舉壓力，2015 年 9 月 15 日

11　趙榮琳，2015，《由「居住」到「生活」—日本社會住宅的社會
　　整合與創新》。
12　黃麗玲、劉恩英，2017，〈韓國公共住宅政策之發展與轉型—以
　　首爾市為分析之焦點〉；呂庭吟，2015，《社會住宅與合宜住宅
　　相互變遷之政策過程分析》，頁 25–34。
13　米復國，1987，《臺灣的住宅政策》；夏鑄九，2015，《窺見魔
　　鬼的容顏》，頁 238–240。
14　1989 年「無殼蝸牛運動」之後，主要催生了「崔媽媽基金會」及
　　「專業者都市改革組織」。「崔媽媽基金會」成為了臺灣第一個
　　以志工形式服務租屋資訊的社會團體；「專業者都市改革組織」
　　對建築規劃專業教育和都市政策提出監督與批判。兩團體後來也
　　成為「社會住宅推動聯盟」組成時重要的推手。
15　社會住宅推動聯盟，2010，〈馬上推動社會住宅 住盟將持續監
　　督〉。

行政院核定「整體住宅政策」，民進黨政府執政後，計畫在 2020 年完成「社會住宅興辦計畫」及「社會住宅包租代管試辦計畫」中期目標，並於 2024 年達成社會住宅長期目標。

21 世紀後由於新自由主義與新公共管理之理論衝擊臺灣的地方自治，加上跨域管理等理論影響，使得自治體與自治權運作的概念改變，也使中央集權、地方分權和均權制的中央與地方權力關係，逐漸加重了地方分權的演化，並強化夥伴與地方合權自治概念的發展[16]。地方政府（含行政及立法等機關）結合公民社會的利益團體、非營利組織及利害關係人等進行政策規劃、公共事務經營與管理等作為[17]。社會住宅政策也是地方治理重要的內容。

我國已於 2018 年 3 月底邁入高齡社會，2025 年將邁入超高齡社會[18]，65 歲以上高齡者所占比率持續攀升，面臨人口高齡少子化趨勢極為嚴峻。另長期照顧需求人數也同步增加，所以未來高齡者與身心障礙者之照顧課題是重要議題。

在內政部的統計資料發現，六都中，2021 年新北市的高齡者人口最多（圖 1-1），另我國社會住宅截至 2021 年 7 月 31 日已達成數為 46,439 戶，規劃中為 81,036 戶，合計為 127,475 戶，以新北市興辦的數量總計最多（圖 1-2）。從「臺灣全國住宅價格季指數趨勢」（2012 年第 3 季－2021 年第 1 季）的圖面上，發現 2012 年到 2015 年指數逐年升高，2015 年到 2018 年持平，2019 年之後升高

16　趙永茂，2008，〈地方自治面臨的挑戰與發展趨勢〉，頁 1。

17　趙永茂，2007，〈從地方治理論臺灣地方政治發展的基本問題〉，頁 1-38。

18　國家發展委員會，2020，〈人口推估查詢系統〉。

（圖1-3）。另從「全國、臺北市、新北市房價所得比」
（2002年第1季－2021年第1季），全國、臺北市、新
北市的住宅價格季指數均呈現上升的走勢，臺北市房價為
全臺灣之首，房價所得比偏高（圖1-4）。在「全國、臺
北市、新北市貸款負擔率」（2002年第1季－2021年第
1季），全國、臺北市、新北市貸款負擔率逐年增高，臺北
市貸款負擔率能力最低（圖1-5）。可以說都會區的住宅
價格、房價問題日趨嚴重。

　　本研究問題意識為在2010－2020年之間社會住宅政策
形成、運作及變遷為何？形成及演變如何從臺北市及新北
市都會區住宅問題延伸到其他縣市？社會住宅政策如何在
倡議、反對、停滯、變動、轉變及更新之中形塑，該政策
與第三部門關係為何？各縣市執行社會住宅政策及建築構
想有何創新性？透過研究，了解在我國社會住宅政策最初
10年的重點及特色。

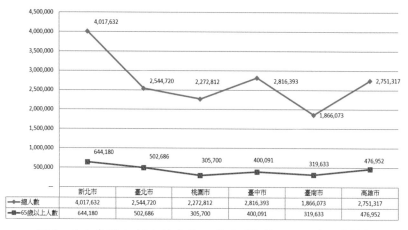

圖1-1：臺灣六個直轄市總人數與65歲以上人數，2021
資料來源：內政部戶政司，2021，〈六都總人數與65歲以
　　　　　上人數〉。本研究繪製。

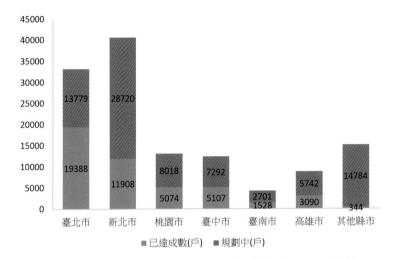

圖1-2：社會住宅已達成數及規劃中數量統計，2021
資料來源：內政部，2021e，〈社會住宅已達成數及規劃
中數量統計表〉。本研究繪製。

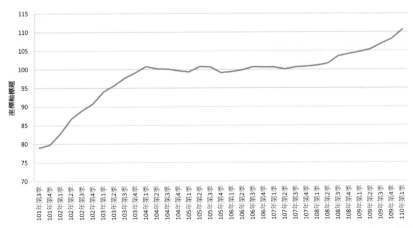

圖1-3：全國住宅價格季指數趨勢（2012年第3季－2021年第1季）
資料來源：內政部，2021a，〈住宅價格指數查詢〉。本研究
繪製。

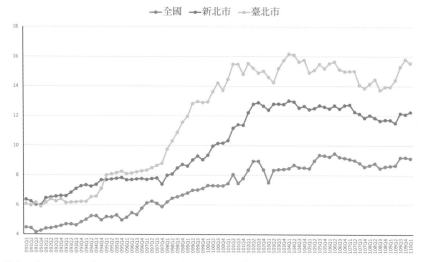

圖1-4：全國、臺北市、新北市房價所得比（2002年第1季－2021年第1季）

資料來源：內政部，2021b，〈房價所得比查詢〉。本研究繪製。

備註：數值越大，房價負擔能力越低。

圖1-5：全國、臺北市、新北市貸款負擔率（2002年第1季－2021年第1季）

資料來源：內政部，2021c，〈貸款負擔率查詢〉。本研究繪製。

備註：數值越大，房價負擔能力越低。

第二節 文獻回顧與檢討

壹、政治學相關概念

一、都市政治理論

都市政治理論在 20 世紀 50 年代到 70 年代美國政治學領域蓬勃發展，遵循政治經濟學的研究路徑，劃分為傳統改革派、公共選擇派和新區域主義理論，依序經歷了社區權力論、機械政治論、增長聯盟論、都市政制論、多中心治理模式及新區域主義理論模式，提出對都市治理相當多的觀點[19]。

20 世紀 90 年代美國都市政治理論出現衰落的趨勢，但在 21 世紀後，因在本體論、方法論及認識論三個層次的追問，使都市政治理論得到新的復興，認為要解決經濟社會發展過程中出現的各種問題，需要政治權力、經濟精英和社會力量的通力合作。

21 世紀該理論受到治理理論的影響，出現了「新區域主義」的思潮，認為解決都市問題，應綜合考慮競爭和合作、分權和集權、政府和市場等因素，才能有效治理都市，公共部門可在不同制度層面上協調私人部門、非政府組織及各類參與者在內的公共行為者，實現服務供給。治理將關注的焦點從制度轉向了過程，從政治和法律權威的實施，轉向了公共企業家精神以公私夥伴關係[20]。

故政策變遷不是機械式的過程，而是一種選擇，在解決相關問題上，考慮競爭與合作、分權與集權、政府與市場等因素，並要注重政治權力、經濟精英和社會力量。

---

19 羅思東譯，2012，《城市極限》；Stone, Clarence N, 1989, Regime Politics: Governing Atlanta, 1946–1988。

20 曹海軍，2017，《國外城市治理理論研究》，頁 14。

二、行政權與官僚體制

行政權是國家統治管理的權利，可分為「政策權」、「執行權」與「組織管理權」。

「行政部門」是任務繁多的龐大組織，在政府運作過程中居於中心地位，從政策擬定、監督政策執行、評估政策成效等，皆是行政部門的主要工作。可區分為兩個部分，一個是「政治性」的行政部門，即計責決策的「政務部門」，由行政首長及所屬的政務官所組成，另一則是「非政治性」的行政部門，即負責的「事務部門」（或稱為「官僚體系」或「文官部門」），由常任的公務人員所組成[21]。

「官僚體制」（或稱為「科層體制」）是建立在現代社會中的合法理性權威基礎上，有專業分工、層級節制、制度化與規則化、非人情化、永業化及功績制度等幾個特徵[22]。官僚體制擁有專業知識及政策資訊，能夠篩選自身偏好的資訊，提供給政務部門，協助政務部門決定政策方案，評估政策方案可能帶來的影響與效果，故官僚體制是政策建議的主要來源，尤其是高階文官對於政策決定，通常具有重大的影響力，在實際運作上，政務部門決定政策方案，往往依據高階文官的政策資訊與建議[23]。在利益表達上，由於官僚體制有政策執行與政策建議的職責，其主管事務往往與民間相關利益團體有所接觸，故官僚體制有時也有助於將民間各種利益的表達，反應給政府高層人員與政務部門[24]。

立法部門的功能包括制定法律、審查預算、修改憲法、

21　蘇子喬，2020b，〈第九章行政部門〉，頁 231。
22　蘇子喬，2020b，〈第九章行政部門〉，頁 240–241。
23　蘇子喬，2020b，〈第九章行政部門〉，頁 233。
24　蘇子喬，2020b，〈第九章行政部門〉，頁 233。

決定政府（行政部門）的產生與去留、監督行政部門及代表民意的功能[25]。

　　由政策的政治性決定與政策執行間的關係，可以看到社會住宅政策之相關行政權及官僚體制的運作。

三、政黨

　　政黨扮演利益的彙整，將相近意識形態或主張的意見綜整起來，並從意見轉化為具體政策，是政府與社會重要的橋樑[26]。

　　政黨在民主國家中主要的功能，在於匯集利益，並透過選舉取得政府執政的正當性與民意基礎[27]。政黨被預期能夠發揮的功能，主要包括利益匯集和表達、政治人才甄補、動員選民與進行選舉、組織和監督政府及政治社會化[28]。

　　社會上具有政治社會化功能的媒介很多，而政黨是諸多媒介中，有多個方式發揮政治社會化的組織，在平時爭取民眾的支持，在選舉的競爭中及選後的政治組成，甚至政策實踐等，都是傳遞政治知識，形塑群眾政治態度的過程[29]。

　　透過社會住宅政策中政黨的討論，有助瞭解政策的影響。

四、利益團體

　　利益團體是具有共同利益，而且為共同利益採取共同行

25　蘇子喬，2020b，〈第九章行政部門〉，頁 260–262。
26　沈有忠，2020，〈第十二章政黨與政黨體系〉，頁 326。
27　沈有忠，2020，〈第十二章政黨與政黨體系〉，頁 326。
28　沈有忠，2020，〈第十二章政黨與政黨體系〉，頁 326–328。
29　沈有忠，2020，〈第十二章政黨與政黨體系〉，頁 328。

動，以影響政策決策的一群人[30]。不同形式的利益團體，透過集體力量，一起動員、募款，從較無組織的鬆散運作，到有組織的緊密合作，藉由資金的提供，影響社會輿論，操控選票流向，影響著各個公部門的決策過程[31]。

利益團體的運作、目的與功能，隨著不同利益團體的組成和活動方式有所差異。動員方式、組織型態、影響力高低及遊說施壓方式，隨著利益團體的大小、組織鬆散程度及所擁有的資源多寡，而有所差異[32]。

利益團體有助於人民組成團體去表達意見與追求利益，對決策者而言，特別是政府，可以清楚聽到人民的聲音，尤其是弱勢者的聲音。當政黨無法充分有效的反應民意時，利益團體更具民意代表性。在民主國家中不同意見的利益團體同時發聲，社會意見相當多元，但也會產生制衡。在立法或政策制定的過程中，利益團體扮演著「專家角色的看門狗」，可以防止政府犯錯，同時，藉著不同意見的匯集，有助於監督民主政府的決策過程[33]。

透過社會住宅政策中利益團體的討論，有助瞭解政策意見的表達。

五、菁英論

菁英論將政治領導者視為政治運作的重心，主張社會上存在著「統治階級」與「被統治階級」。

除了傳統菁英論與多元論的觀點外，道爾（Robert Dahl）提出「競爭式菁英主義」，或稱為「民主的菁英主義」

30　鄭任汶，2020，〈第十三章利益團體〉，頁351。
31　鄭任汶，2020，〈第十三章利益團體〉，頁351。
32　鄭任汶，2020，〈第十三章利益團體〉，頁353。
33　鄭任汶，2020，〈第十三章利益團體〉，頁367-368。

觀點，認為在實際民主政治之中，菁英是分屬不同團體，每個團體都被某些菁英所掌控，團體間的互動也由這些菁英進行。因此，少數菁英雖有較大權力，但也無法支配整個政治過程。另並非每個利益團體都會試圖影響議題的決策過程，他們關心的只是與其利益有關的議題，試圖影響的對象也是以這些議題為主，意即菁英掌控的利益團體不會試圖影響與其利益無關的議題[34]。

透過社會住宅政策不同團體菁英的互動討論，可了解政策議題如何被影響。

六、政治「權力」面向

政治上「權力」區分為三種面向，包括：

1.決策面向：指在決策過程中影響決策內容的能力，權力是「政策的制定」，此為權力的傳統解釋。

2.非決策面向：權力是指阻止議程或計畫被討論的能力，權力乃是「議程的設定」。

3.文化面向：權力是指支配他人思想欲望與需求，使受支配者自願服從，甚至未意識到自己受到支配的能力，權力是「思想的控制」[35]。

從權力觀可思考社會住宅的資源分配如何形成？是由「誰」掌握權力？掌權者「如何」取得和運用權力？運行機制為何？

34　蘇子喬，2020a，〈第六章民主與獨裁〉，頁 153–154。
35　蘇子喬、沈有忠、胡全威，2020，〈第二章政治學研究途徑〉，頁 30–31。

七、「新制度論」之「歷史制度論」

制度本身具有自主性，整體的政治結構是在制度、社會及經濟等互動過程中形成，因此制度本身受到社會影響，而制度也會影響社會，在動態過程中，制度像是有機體，會不斷的演化改變[36]。

「新制度論」採取動態的研究趨勢，賦予制度能動性，並且更廣泛的界定制度。在政治行為的過程中，制度成為自變項，影響社會、經濟與行為，也可能是依變項，受到社會、經濟與行為所影響[37]。

「新制度論」之「歷史制度論」認為制度的演化及政治行為的選擇，是在「路徑依賴」的架構下，每個政治發展結果都是受前一個歷史階段影響。從此概念可討論社會住宅政策是否具自主性，如何在政治結構互動過程中形成，政策在動態的過程中如何演化改變，維持其適應力。

八、小結

從上述的文獻回顧討論中，可理解政策變遷不是機械式過程，而是選擇，政策本身在動態過程中不斷演化改變，以維持其適應力。在探討社會住宅之政經分析，需注重政治權力、經濟精英和社會力量，政策的政治性決定與政策執行有關聯，政黨與利益團體會影響政策與意見的表達，不同團體菁英掌控與互動，會影響社會住宅政策的議題。

36　March, J. G. and Olsen, J. P., 1984, "The New Institutionalism: Organizational Factors in Political Life. ", pp.734–749.

37　蘇子喬、沈有忠、胡全威，2020，〈第二章政治學研究途徑〉，頁 41–42。

貳、臺灣社會住宅政策執行回顧

　　過去臺灣社會住宅政策研究，有從政策變遷[38]、政策工具[39]、多元流程模式[40]、歷史制度主義[41]、制度論與都市政權理論之修正觀點[42]、政治經濟分析[43]及文獻分析[44]進行討論。

　　議題上也包括社會住宅實質空間設施規劃[45]、平價住宅到社會住宅的轉型[46]、社會住宅推動的關鍵因素[47]、社會住宅對周邊居住環境影響[48]、社會住宅居民之認知與態度[49]、社會住宅政策規劃與執行落差[50]、社會住宅青銀共居公共空間設計[51]、社會住宅基地評估系統建立及容積獎勵分級[52]、社會住宅建築設計參考手冊[53]、應用智慧化管理社會住

38　呂庭吟，2015，《社會住宅與合宜住宅相互變遷之政策過程分析》。

39　李子瑋，2013，《臺北市社會住宅政策之探討：政策工具觀點》。

40　楊永吉，2017，《從國民住宅到社會住宅之政策變遷：以多元流程模式分析》。

41　溫揚彥，2012，《臺灣社會住宅之研究—歷史制度主義觀點》。

42　曾稚驊，2018，《中介空間：臺灣社會住宅的制度與權力分析》。

43　薛莘儒，2013，《臺北市公有住宅之政治經濟分析，1945-2002》。

44　曾意辰，2015，《居住正義—臺灣社會住宅論述與政策之分析》；謝雅婷，2017，《臺灣社會住宅政策之反思—以外國經驗為借鏡》；曾稚驊，2018，《中介空間：臺灣社會住宅的制度與權力分析》。

45　吳岳樺，2015，《社會住宅社區空間設施規劃研究》。

46　曾采蓁，2020，《創造混合收入社區：臺北市安康平價住宅到興隆社會住宅的轉型》。

47　陳金勳，2018，《推動我國社會住宅關鍵因素之研究》。

48　林貝珊，2017，《臺北市公共住宅對周邊居住環境影響之研究》。

49　林益谷，2017，《高雄市居民對社會住宅之認知與態度之研究—兼論公民參與制度與社會住宅支持度之關聯》。

50　張淯婷，2019，《我國社會住宅包租代管政策規劃與執行落差》。

51　王榮進、楊詩弘，2020，《社會住宅青銀共居公共空間設計原則之研究》。

52　邱英浩，2020，《以公益性為基礎之社會住宅基地評估系統建立及容積獎勵分級》。

53　邱英浩，2019，《社會住宅之建築設計參考手冊》。

宅[54]、社會住宅營運管理與用後評估[55]、因應高齡者及身心障礙者之社會住宅社區照顧環境[56]及社會住宅設施設備和必要附屬設施法令[57]等。以下就「社會住宅執行」及「社會住宅空間」進行文獻回顧。

一、社會住宅執行

既有研究指出國外社會住宅在臺灣過去並未被大規模推動，似乎與諾斯（Douglass North）所提的「路徑依賴」現象有關[58]。相關觀點整理如下：

1. 社會住宅需順應福利多元思潮，因應社會弱勢者居住問題及配合住宅政策轉變[59]。

2. 社會住宅開始執行時，政府應要脫離既有制度的路徑依賴困境，應學習社區營造政策[60]。

3. 社會住宅政策的思維是供給面政策，是強制性工具及自願性工具並行，優點是具永續循環的住宅投資，保障弱勢者居住權等，但缺點是該政策缺乏民間興辦誘因，對於弱勢者保障不易落實，也可能造成弱

---

54 陳太農，2019，《社會住宅應用智慧化管理之研究》。

55 王榮進、楊詩弘，2019，《社會住宅營運管理與用後評估之研究》。

56 張志源，2018，《美國公共住宅、日本公營住宅及我國社會住宅因應高齡者及身心障礙者之社區照顧環境無障礙設計基準比較分析》。

57 張志源，2021，《美國公共住宅、日本公營住宅及我國社會住宅設施設備和必要附屬設施法令之比較》。

58 溫揚彥，2012，《臺灣社會住宅之研究—歷史制度主義觀點》；李子瑋、李長晏，2013，〈社會住宅政策問題建構與對策提出〉，頁 30–38。

59 林勝義，2008，〈社會住宅與社區營造的轉型及其結合之探討〉，頁 57–70。

60 黃麗玲，2011，〈社會住宅政策與社會轉型的新視野〉，頁 13–16。

勢民眾對於福利依賴，特別是管理不當時，容易造成標籤化、貧民窟之刻板印象，並產生鄰避效應及周邊住戶負外部性疑慮（包含房價及生活品質）[61]。

4. 社會住宅政策缺乏有能力的第三部門推動及財務誘因，相關法令規定較為嚴苛[62]。

5. 社會住宅的服務對象應涵蓋較為寬廣，雖然社會住宅與土地資本及房地產的利益相互衝突，但卻排除土地投機和炒作的機會[63]。

之後，社會住宅的討論更加多元。相關觀點整理如下。

1. 社會住宅供應可保障居住權，打造社會安全網，提高生活福祉，以及修正住宅與土地商品化的問題，提供托育、照護、開放空間等設施，不僅服務本身的住民，也嘉惠鄰近社區，從規劃設計、營造到管理體系，可提供不少工作職位，也可以進一步結合在地僱用，或是開創社區經濟[64]。

2. 政府（中央、地方、國營事業）可透過調整公有土地標售政策，釋出合宜用地，再配合都市計畫變更、市地重劃、都市更新或聯合開發等，要求需回饋社會住宅[65]。

3. 建議住宅政策目標應由「住者有其屋」轉變為「住者適其屋」，社會住宅未來可進一步轉化為長照基地，

61　呂庭吟，2015，《社會住宅與合宜住宅相互變遷之政策過程分析》。
62　彭錦鵬主持，2015，《結合第三部門推動社會住宅策略規劃》。
63　夏鑄九，2015，《窺見魔鬼的容顏》，頁 241–243。
64　黃麗玲，2016，〈第十三章 土地與住宅：住宅做為商品或社會人權〉，頁 408。
65　洪明東，2015，《住者有其屋》。

並讓住宅的資源能夠循環利用[66]。

4. 社會住宅興建會被社區排斥，和想像的興建品質被污名化有關，建議興建時應注意周邊區域的「居住環境密度」、「環境認同」、「生活機能」及「功能共享」等面向，以提升能見度與價值形塑[67]。

隨著制度變遷，社會住宅政策出現「長期的政策研擬」與「短期的危機因應」之兩面性[68]。也有提到社會住宅的概念可以「渡橋」來比喻，此「渡橋」的角色是協助「尚無合宜居所者」，透過「渡橋」轉為「有房屋居住者」[69]。更有建議相關部門可針對高齡弱勢者，妥善規劃醫療、租金補貼、就業輔導等配套措施，將有助於提高社會住宅政策推動的效率[70]。

二、社會住宅空間

主要觀點整理如下。

1. 社會住宅空間不應侷限於居住空間及休閒空間等單一設施，應進行整體性規劃，改善整體環境衝擊，導入智慧化系統裝置[71]。

2. 應考慮高齡者、幼童、婦女或行動不便者的使用需

---

66 朱慶倫，2017，〈社會住宅新作為〉，頁 122-129。

67 林貝珊，2017，《臺北市公共住宅對周邊居住環境影響之研究》；林益谷，2017，《高雄市居民對社會住宅之認知與態度之研究—兼論公民參與制度與社會住宅支持度之關聯》。

68 曾稚驊，2018，《中介空間：臺灣社會住宅的制度與權力分析》。

69 黃世孟，2020，〈社會住宅作為「渡橋」：物業管理如何確保橋上人流暢通？〉。

70 王南喻、劉峰旗、黃志仁、張煜明，2020，〈誰需要社會住宅？〉，頁 99-129。

71 吳岳樺，2015，《社會住宅社區空間設施規劃研究》。

求，讓建築物的下層裙樓與上層標準樓層，藉由公共空間，串聯社區空間與住宅單元，配置充足的公共設備，提供給住戶日常使用或開放給鄰近居民使用，並納入都市計畫公共設施之公共服務體系[72]。

3. 現行社會住宅政策主要考量就學、就業青年需求，在機能上強調綠建築、智慧建築、通用化設施，空間中規劃青年創業中心、托老中心、庇護工場、公共托育等[73]。

4. 社會住宅規劃與興建，需符合循環經濟的原則，可思考三種定位：（1）建築典範：需符合綠建築標準、智慧建築標章、低維護管理及易維護。（2）社會公益：需具備社會福利服務、社群網絡節點、社區交流空間功能。（3）地方創生：需作為青年創新基地、技能學習空間、知識交流場域[74]。

5. 社會住宅應與物業管理作更緊密結合，無論是直接興建或包租代管，營運必須更重視住戶在遷入簽租之前、居住中及遷離退租前的物管服務課題，政府也應提早確認社會住宅之設計、設備與服務水準[75]。

6. 社會住宅不只是可負擔的居住選擇，更應讓居民有穩定的居住場所和充分的社會福利設施與互助的人際支持，透過青創及社區活動，挖掘出制度面的空間管理和既有的規劃設計，可因應社區需求來彈性

72 臺灣物業管理學會，2018，《社會住宅規劃設計及興建與營運管理作業參考手冊》，頁 42–43。
73 廖庭輝，2019，〈空屋多不用蓋公宅？談柯文哲公宅政策大開倒車〉。
74 邱英浩，2019，《社會住宅之建築設計參考手冊》。
75 黃世孟，2020，〈社會住宅作為「渡橋」：物業管理如何確保橋上人流暢通？〉。

調整，或改善使用機能的可能，從公共性而言，納入潛在居民、周邊鄰里、相關民間團體和專家的建議，呈現出社會住宅必要的公共性設計[76]，並應重視社會住宅之公共空間與公設比合理性，公設比建議值為 30－35％，以賦予應有的空間品質及社群生活場域的豐富性[77]。

三、小結

　　社會住宅有全球在地化的趨勢，臺灣社會住宅興建推動才剛起步，強調「只租不售」，並以低於市場租金及多元住宅型態搭配社會福利措施之介入，都屬開始階段，許多困境未被充分討論，本研究就前述的文獻回顧為基礎，研擬分析觀點與架構。

第三節　分析觀點與架構

　　政策分析是問題建構的過程，是為了避免用正確的方案或對策，但去解決錯誤認定的政策問題。公共政策制度無法脫離政治、經濟、社會及文化環境的因素，並有歷史發展背景。

　　政治體制中主要的行為者，包括政府、政黨、利益團體與選民，而經濟體制中主要的行為者，包括政府、廠商、消費者與勞動者等，相互穿透影響，展現在自利動機下之複雜關係[78]。

　　本研究從政經角度分析臺灣 2010－2020 年社會住宅政

76　林采鴻、劉柏宏，2020，〈社會住宅的生活觀點：包容性居住場所的營造〉，頁 70-72。

77　簡學義，2021，〈臺灣「社會住宅」的省思〉，頁 76-77。

78　蕭全政，2006，《政治與經濟的整合》，頁 7。

策過程，探討社會住宅政策因果脈絡，並討論未來政策發展趨勢，與過去研究方法不同的是討論社會住宅政治過程及經濟合理化過程，以掌握社會住宅政策變遷和國家機關與民間社會，在政經環境中的互動及因果脈絡關係，以「偏差」及「偏差動員」概念作為分析觀點。

壹、分析觀點

本研究主要採用謝茨施耐德（E. E. Schattschneider）及蕭全政之理論概念進行分析。

一、偏差

任何的「偏差」（bias）都不是形成或運作於真空之中，而是被實存政治經濟脈絡所結構化的[79]。

從工具性利益的角度看，在每個特定的政治經濟行為中，所牽涉的關鍵性事務，必然會隱含客觀、實存的利益得失，而且會對相關的個人或行為者產生不同的利害得失關係；這種對相關個人或行為者產生不同的利害得失的分配關係，即可稱為一種特定的「偏差」。這種特定的「偏差」，將對相關個人或行為者造成特定的支持或反對態度，也包括其強度的大小；繼而，影響他們的反應與行動[80]。

就理論而言，一個政治經濟行為中，其涉及關鍵性事務所隱含的「偏差」，主要包含兩個部分，其一是，它隱含一種特定的利益分配模式；其二是，它涉及所有相關行為者之間。所以，它指涉的是「涉及所有相關行為者之間的一種特定的利益分配模式」[81]。

---

79 蕭全政，2020，《臺灣政治經濟學》，頁 86。
80 蕭全政，2020，《臺灣政治經濟學》，頁 77。
81 蕭全政，2020，《臺灣政治經濟學》，頁 78。

此「偏差」不含價值判斷，不在於說明它偏離於常規、道德標準或倫理規範，也不在於說明它偏離於某種客觀事實的誤差現象；它只是一個「描述性的名詞」，只在說明涉及所有相關個人或行為者之間，一種特定的利害得失分配模式，必然將影響這些相關個人或行為者的態度與行為取向，甚至他們之間的聯合或衝突[82]。

二、偏差動員

謝茨施耐德（E. E. Schattschneider）認為，當一個團體準備好他們的利益訴求時，會根據這些利益而成立組織，可以說他們同時創造了某種政治偏差（political bias），因為組織本身就是一種準備採取行動的「偏差動員」（a mobilization of bias）[83]。意即當壓力團體的行為者為了採取行動，會促成組織的形成。

蕭全政認為偏差動員的運用，可見於「偏差的形成」、「偏差的運作」及「偏差的變遷」之中，針對不同的「偏差」有不同的「偏差動員」方式和內容[84]。

1. 偏差的形成：指的是「偏差動員」可以有很多方式，而不限於組織的形成；只要是採取行動去促成對自己有利的任何一種「偏差」的形成，都可以視為是「偏差動員」[85]。從實存上看，因為「偏差」存在於政策、組織、制度、程序、規則、主義、論述等之中，所以「偏差」幾乎是無所不在，而「偏差動員」亦因而可以非常普遍的運用；只要是特定的個人或行為者動員人力、物力，即可以促成一個特定「偏

82　蕭全政，2020，《臺灣政治經濟學》，頁 78。

83　Schattschneider, E. E., 1960, The Semi-Sovereign People: A Realist's View of Democracy in American, p.30.

84　蕭全政，2020，《臺灣政治經濟學》，頁 85。

85　蕭全政，2020，《臺灣政治經濟學》，頁 85。

差」從無中生有[86]。

2. 偏差的運作：指的是一項「偏差」形成之後，在其實際的運作之中，這個「偏差」所隱含對於相關行為者之間的利害得失關係，即會啟動而展現其相關作用，並表現出「偏差動員」的樣態。例如，一項政策，被相關行為者依偏差動員的方式，而完成該政策的制定；接著，在政策執行的過程，該政策所隱含的特定「偏差」，即開始對相關行為者發揮其作用，而出現利害得失的特定分配關係，亦可視為一種「偏差動員」[87]。

3. 偏差的變遷：指的是任何的「偏差」，都不是形成和運作於真空之中，而是被實存政治經濟脈絡所結構化的；只要這種「偏差」的政治經濟特性，大致上符合於支撐這種「偏差」的特定政治經濟結構和政治經濟脈絡的特性，它將會繼續存在下去，否則就會被另一種「偏差動員」所調整或變更，而出現該「偏差」的變遷[88]。對一項政策而言，偏差變遷的情況可能出現於該政策的制定過程之中；換言之，即在政策制定過程的偏差動員之中，就可能出現針對該偏差動員的各種修正與調整，或甚至是反動員，或另起爐灶而出現另類的偏差動員。其次，類似的情況，也可能出現在該政策的政策執行中，尤其，當該政策的「偏差」開始發揮作用時，相關行為者對該政策的利害得失將更為敏感，而可能出現各種聯合的、衝突的行動，企圖改變該政策的執行[89]。

組織作為一個行為者，組織與制度都會隱含特定的「偏

86　蕭全政，2020，《臺灣政治經濟學》，頁85。
87　蕭全政，2020，《臺灣政治經濟學》，頁86。
88　蕭全政，2020，《臺灣政治經濟學》，頁86。
89　蕭全政，2020，《臺灣政治經濟學》，頁86–87。

差」，但是，兩者的最大差別，還在於組織可以作為一個行為者，而制度卻是不能。作為行為者的組織，它的特性，其實是跟其他個人或行為者是一樣的；它是理性的，也是自利的，但也同樣是被結構化的。它有被結構化的特定機會加以限制；而它也同樣具有器物層次、制度與行為層次，及文化與意識形態層次。它具有社會鑲嵌型，也同時必須面對不同層次的行為者；然而，最重要的是，它具有主體性和整體性，並因而具有政治經濟理性，而可透過「偏差動員」追求各種政治經濟利益[90]。

組織被結構化，組織不是獨立存在的，從初始成立的開始，是一種「偏差動員」的結果。一群個人或行為者為了準備採取行動，就根據他們的目的取向，動員了必要的人力、物力，而成立了組織，包括確立組織目標、組織結構與層級分工、人員的進用管理，及內部的運作規則與制度等；這些不同的措施，其實也都分別隱含特定的「偏差」。組織成立過程的「偏差動員」，讓組織從無中生有，而形塑了組織所代表、隱含的各種「偏差」之出現；這些「偏差」將影響，甚至決定了組織及其內部所有成員之間的權力與利益關係，也影響其與外部個人或行為者之間的權力與利益關係。組織就是被鑲嵌在這種結構網絡之中，當然也因而具有特定的結構限制與機會，特別是最初始的偏差動員者們，他們通常不一定只是單純的個人，而可能是複雜的組織體系和網絡，而組織更是被鑲嵌在複雜的組織網絡體系之中[91]。組織的被穿透與對外穿透在複雜的組織網絡體系中被結構化的組織，可能被外來的個人、團體或組織所穿透，但也同時穿透外在的個人、團體與組織；這些穿透與

90　蕭全政，2020，《臺灣政治經濟學》，頁 88。
91　蕭全政，2020，《臺灣政治經濟學》，頁 88–89。

被穿透的情節，主要仍決定於組織的初始形成過程，及後來的組織運作與組織變遷過程。基於被穿透與對外穿透，任何的組織追求其自身的生存與發展；為此，並會與複雜組織網絡體系中的相關個人、團體或各種組織，產生特定的政治經濟互動，或進行各種聯合衝突[92]。

三、小結

政治上重大的聯合與衝突，多以隱含「偏差」的形式而動員和訴求。特定理性行為者，在不同的時空階段，所處有限資源的實存環境中，為了追求本身最大利益，會因應不同的政經變遷與社會文化作出適當反應，並利用各種可能形塑特定政策、法規或組織、制度之行為，出現對己有利之利害得失特定分配關係。

組織可做為一個行為者，不是獨立存在的，從初始成立的開始，是一種「偏差動員」的結果。組織成立過程的「偏差動員」決定了組織及其內部所有成員之間的權力與利益關係，而組織會與複雜組織網絡體系中的相關個人、團體，或各種組織，產生特定的政治經濟互動，或進行各種聯合或衝突，而形塑各種對自身有利的偏差、偏差的運作與偏差的變動。

在複雜的組織網絡體系中被結構化的組織，可能被外來的個人、團體或組織所穿透，但也同時穿透外在的個人、團體與組織，這些穿透與被穿透主要仍決定於組織的初始形成過程，及後來的組織運作與組織變遷過程。

本研究分析觀點透過「偏差」及「偏差動員」概念，以瞭解社會住宅政策的政治經濟行為中，不同的行為者所作

---

92 蕭全政，2020，《臺灣政治經濟學》，頁89。

的「偏差」形式及「偏差動員」的形成、運作與變遷。主要分成社會住宅政策倡議與反對（2010 - 2011）、社會住宅政策停滯與變動（2012 - 2015）、社會住宅政策轉變與更新（2016 - 2020）三個階段，探討社會住宅政策因果脈絡，並討論社會住宅空間設計特色及未來該政策發展趨勢。其中，分析重點在以國家機關為中心，掌握整體政治體制的特質，再分析社會住宅政策引發的政治現象與政治過程的因果關係，將社會住宅政策偏差動員的行為者區分為政府、政黨、專業團體、企業及民眾等。

1. 政府：包括中央政府（總統、行政院及所屬機關、立法院及所屬機關）、地方政府等。

2. 政黨：包括執政黨、在野黨及政黨推選出的總統、直轄市、縣（市）市長候選人等。

3. 專業團體：包括社會住宅推動聯盟等。

4. 企業：包括民間建築業者等。

5. 民眾：包括社會住宅入住資格民眾及周邊住戶等。

貳、與既有研究之不同處

本研究與既有研究之不同處，是透過以下方式蒐集資料。

一、文獻資料分析：先分析社會住宅政策、相關既有文獻及報導資料，再找尋政府資料庫（內政部不動產資訊平台網站、立法院公報、內政部營建署網站）、第三部門資料庫（社會住宅推動聯盟網站、崔媽媽基金會網站），分析社會住宅政策不同階段行為者，如何透過偏差及偏差動員，促使社會

住宅政策的形成、運作與變遷。

二、案例分析：分析 2010－2020 年之間臺灣社會住宅
　　重要案例，瞭解該建築計畫創新性與特色。

　　本研究希望能夠討論社會住宅政策初期的政治化過程及
經濟合理化過程，掌握社會住宅政策變遷過程，以及國家
機關與民間社會在政經環境中的互動關係。

參、研究限制

　　由於國家住宅及都市更新中心於 2018 年 8 月成立，雖
於今日已成為推動社會住宅興建的主要單位，但該中心在
本研究時間範圍內，仍處於組織初步運作階段，故本研究
對於該中心社會住宅政策執行情形不進行討論。

　　另雖今日社會住宅案例已多樣，但在 2010－2020 年之
間屬於初期，故本研究選取之建築案例為興建完成或刊登
於雜誌之著名案例。

第四節　章節安排

　　第一章緒論：主要討論本研究之問題意識，再透過文獻
回顧與探討，探討研究之定位與意義，釐清研究之分析觀
點與架構。

　　第二章社會住宅政策倡議與反對（2010－2011）：將
社會住宅政策過程研究歷史縱深拉長，先討論社會住宅政
策倡議與實施方案規劃，再討論新北市及臺北市的市長選
舉納入社會住宅政策議題、《住宅法》相關條文、中央與
地方政府對社會住宅政策之執行，最後討論社會住宅作為
第十三屆總統大選之選舉議題。

　　第三章社會住宅政策停滯與變動（2012－2015）：討論中央政府社會住宅政策之執行、施政目標及相關方案修正變動，再討論臺北市、新北市、桃園市及臺中市社會住宅政策執行，然後討論直轄市之市長選舉、第十四屆總統大選之社會住宅選舉議題及民間團體對社會住宅政策之觀點。

　　第四章社會住宅政策轉變與更新（2016－2020）：討論中央政府社會住宅政策之執行、政策施政計畫變動、《住宅法》之社會住宅條文修訂及推動、社會住宅推動聯盟之批評及觀點，並分析直轄市社會住宅政策執行及社會住宅案例。

　　第五章結論：討論臺灣社會住宅政策特殊性，對社會住宅政策「偏差」與「偏差動員」的形成、運作、變遷觀點進行綜整，提出未來臺灣社會住宅政策建議意見。

第二章　社會住宅政策倡議與反對，2010－2011

　　臺灣社會住宅政策的出現，來自民間團體多年倡議與對當時住宅政策的檢討而產生，經過馬英九總統回應後開始執行，而後被納入 2010 年新北市市長選舉及臺北市市長選舉議題，並通過《住宅法》的社會住宅相關條文。本章重點放在討論社會住宅政策的倡議與實施方案規劃，並從政策倡議、執行及選舉議題等幾個層面，探討此時期社會住宅政策之偏差及偏差動員。

第一節　社會住宅政策倡議與實施方案規劃

壹、國民住宅政策之結束

　　臺灣國民住宅政策，從 1976 年開始到 2005 年結束，分為 4 個時期（表 2－1），從政府直接興建轉變為貸款人民自建、輔助人民貸款自購。過去研究指出，此政策肇因 1953－1958 年間政府為解決大量增加人口的住宅問題而開始，當時除國民住宅外，1960 年代到 1970 年代也有整建

住宅及臺北市平價住宅的問題[1]。

1955 年「國民住宅」一詞出現，1957 年政府介入國民住宅興建，當時《興建國民住宅貸款條例》立法意旨明定「主要為推廣興建國民住宅，保障長期低利貸款安全」（第1條），並明定「興建國民住宅貸款，應就勞工、農民、漁民、公教人員及一般需要住宅之市民辦理之」（第2條）。與後來《國民住宅條例》內容不同。

1982 年《國民住宅條例》所稱的「國民住宅」，主要包括政府直接興建、貸款人民自建、獎勵投資興建及輔助人民貸款自購。

1994 年陳水扁競選臺北市長，提出的社會福利政策，包括只租不賣的國民住宅，當時認為國民住宅餘屋甚多，中低收入戶買不起國民住宅，也無力價購民宅，若將部分居住國民住宅轉為出租使用，可嘉惠中下階層市民[2]。

1998 - 2000 年臺灣由於經濟不景氣，住宅市場供過於求，政府函頒「振興建築投資業措施」及「健全房地產市場措施」，宣示停建國民住宅及獎勵民間投資興建國民住宅 6 年之政策[3]，2005 年 1 月 7 日《國民住宅條例》發布廢止。

從上述的演變發現，國民住宅政策隨著時代而轉變。

1　黃麗玲，2011，〈社會住宅政策與社會轉型的新視野〉，頁 14。
2　林萬億，2016，《臺灣的社會福利：歷史與制度的分析》，頁 700。
3　國民住宅政策演變的歷程，過去研究都作過相當精闢的分析，本研究不作贅述。可參考米復國，1987，《臺灣的住宅政策》；曾旭正，1994，《戰後臺北的都市過程與都市意識形成過程之研究》；陳怡伶、黎德星，2010，〈新自由主義化、國家與住宅市場－臺灣國宅政策的演變〉。

表 2‑1：國民住宅政策分期，1976‑2005

	分期（西元年）	定位
1	1976‑1981	政府直接興建
2	1982‑1989	政府直接興建、貸款人民自建、獎勵民間投資興建
3	1989‑1999	政府直接興建、貸款人民自建、獎勵民間投資興建、輔助人民貸款自購
4	1999‑2005	貸款人民自建、輔助人民貸款自購

資料來源：內政部營建署，2020，〈國（住）宅計畫發展沿革〉。本研究整理。

貳、整體住宅政策停滯

整體住宅政策研擬可追溯至 1999 年國民黨主政時期，當時為了解決房市低迷，2003 年行政院通過「社會福利政策綱領」修正案，宣示將興建住宅，只租不售，且以低於市價租金或提供房屋津貼，補助低所得家庭、身心障礙者、獨居等弱勢者[4]。

2004 年內政部營建署擬訂「整體住宅政策」及《住宅法》（草案），納入「反歧視條款」，內容包括社區居民不得因為當事人身心障礙、性別或所得因素，拒絕其租賃、購買、進住及維修等要求[5]。

2005 年直接興建國民住宅政策將走入歷史，改由

4　蘇秀慧，2003，〈庇弱勢者有其屋 將建社會住宅只租不售 低於市價租金或提供津貼、低利貸款 供中低所得家庭人人有屋住〉，《民生報》，10/10，A4。

5　朱若蘭，2004，〈住宅政策 訂反歧視條款 身障弱勢者 社區不得排拒 年底前公布 保障流浪漢、愛滋病患等居住權 營建署擬廉租或免費提供社會住宅〉，《聯合報》，A11。

「整體住宅政策」取代，該政策內容已提到民間興建社會住宅租售給弱勢國民，將可享有容積獎勵及優惠建築融資[6]。

以下就過去相關研究對此時期的發展進行整理。

當時「整體住宅政策」（草案）與《住宅法》（草案）正在研議時，2002 年 5 月行政院召開的「第三次全國社會福利會議」決議，修正社會福利政策綱領，綱領的第五大項政策為「社會住宅與社區營造」，2003 年 12 月 4 日行政院婦女權益促進委員會委員周月卿教授請內政部部長余政憲關心弱勢人口住宅政策問題，於是內政部營建署開始研擬「整體住宅政策」（草案），經過多次開會討論，由營建部門與地政、住宅及建築專家學者主導完成，開始有機會引進「社會住宅」的概念背景[7]。但綱領修正草案出爐時，內政部營建署對修正草案中的社會住宅章節並不認同，主張修正為「社會福利」，認為過去國人對社會住宅陌生，對弱勢者的住宅補貼，只要取消過去職業別的住宅補貼制度，改為依綜合所得及申請家戶之狀況作為條件，去建立相關評點制度即可達成，並不需要建立新的社會住宅概念[8]。

2004 年 2 月 3 日林萬億邀集住宅議題相關之弱勢團體集會，決議提出弱勢人口住宅政策，要求內政部營建署在「整體住宅政策」中應納入社會住宅，以保障弱勢者的居住權益。而後，內政部次長林中森主持「整體住宅政策」（草

6 曾憲文，2005，〈國宅大清倉 六縣市委外銷售 約一千五百戶，花縣率先上網招商，中市等陸續跟進；未來不再蓋國宅，改補貼購屋貸款（2-2）〉，3/1，《工商時報》，A4。
7 林萬億，2016，《臺灣的社會福利：歷史與制度的分析》，頁710-711。
8 林萬億，2016，《臺灣的社會福利：歷史與制度的分析》，頁711。

案）會議，正好因行政院於 2004 年 2 月 13 日核定「社會福利政策綱領」，提供弱勢人口住宅政策納入整體住宅政策的方向，但被視為「是過去國民住宅概念的延伸，無視於社會住宅照顧對象的特殊性」[9]。

2004 年 3 月 20 日總統大選，陳水扁連任成功，3 月 29 日內政部營建署邀請相關專家組成修正「整體住宅政策」專案小組，召開第一次會議，經過三次全體會議，二次分組會議討論，於 5 月 31 日完成定稿，7 月 22 日送交林中森次長主持的研商整體住宅政策（草案）相關事宜會議，然後經過多次會議研商，行政院於 2005 年 5 月 24 日核定「整體住宅政策」[10]。

這使臺灣的「整體住宅政策」整合了原先住宅部門所期待住宅政策目標，並加上社會住宅的概念，意即在既有住宅自由市場經濟的運作下，政府應以實質補貼或行政協助方式，保障中低所得家戶及弱勢國民擁有承租、購置、修繕改良居住環境的能力，同時尊重多元與差異的住宅政策原則，納入反住宅歧視原則，使得高齡者、身心障礙者、受虐婦女、貧民、同性戀者、單身家戶、單親家庭、跨國婚姻家庭及原住民等社會經濟地位相對弱勢人口的居住權，能獲得保障，明顯有別於過去以住宅自由市場、限量國民住宅興建販售及以職業身分為基礎的購置住宅利息補貼的住宅政策[11]。

2007 年 11 月行政院核定「民國 97 年至民國 100 年整

9　林萬億，2016，《臺灣的社會福利：歷史與制度的分析》，頁711。

10　林萬億，2016，《臺灣的社會福利：歷史與制度的分析》，頁711–712。

11　林萬億，2016，《臺灣的社會福利：歷史與制度的分析》，頁712。

體住宅政策實施方案」，2011 年 10 月內政部擬定「民國 101 年至民國 104 年整體住宅政策實施方案」[12]，但這些實施方案對於都會區住宅房價高漲問題並無法有效解決。

參、《住宅法》（草案）擬定後無法發布

2006 年內政部制定《住宅法》（草案），當時納入「反住宅歧視」與「社會住宅」專章，增設第三章「社會住宅」與第六章「住宅權益平等」，禁止以疾病、身心障礙等理由排拒弱勢族群入住社會住宅，然而送立法院審議的《住宅法》（草案），卻未能通過立法，適逢立法院委員改選，因法律屆期不續審，而於 2008 年 5 月撤回行政院[13]。

過去的研究指出，在這段期間，民進黨籍立委陳節如積極邀請專家學者討論《住宅法》（草案）的修正，邀請張金鶚、花敬群、林萬億等學者及社會住宅推動聯盟成員參與，並於 2010 年 9 月將微調後的《住宅法》草案送交立法院審議，經過 1 年的等待，行政院版本於 2011 年 9 月重新送達立法院併審，經過立法院、各部會與民間團體進行馬拉松式的協商，取得大部分共識，於 2011 年 12 月 13 日經立法院三讀通過[14]。此版的《住宅法》將出租住宅（社會住宅）區分為兩類：一類是至少 10％的特殊身分社會住宅，另一類是一般身分的社會住宅。

林萬億認為當時《住宅法》與「整體住宅政策」同步推動，但《住宅法》卻一再拖延，其原因包括「政黨競爭效

12　行政院，2015，〈整體住宅政策〉。

13　王莫昀、林倖妃，2006，〈住宅法草案 明訂「反住宅歧視」〉，《中國時報》，11/12，A5。

14　林萬億，2016，《臺灣的社會福利：歷史與制度的分析》，頁712。

應」、「土地與住宅投資業者與政客的政商掛勾論述」、「國民黨擔心北二都失去政權的選舉失敗恐懼效應」及「企業界遊說壓力效應」[15]。故在法令演變上，「整體住宅政策」雖從 1999 年開始推動，但是 2000 年以後民進黨執政時，修正為「健全住宅市場」與「推動社會住宅」雙軌並行，且住宅政策只要行政院通過即可，無需送交立法院審議，而立基於「整體住宅政策」制訂的《住宅法》則必須送請立法院審議，國民黨是立法院的多數黨，所以當時不輕易通過由民進黨政府所草擬的《住宅法》。另外，國民黨的住宅政策理念認為房地產業是經濟發展的火車頭，並不主張介入住宅市場，基於過往執政的經驗，只知道興建國民住宅出售予需求住屋者，卻不熟悉社會住宅，直至 2010 年五都選舉，民進黨的市長候選人紛紛表態支持社會住宅，馬英九總統接見社會住宅聯盟的代表之後，行政院才加速推動《住宅法》立法，但是關於房地產買賣的實價登錄議題，成為《住宅法》制訂的新課題，因建築業者的堅決反對，反而延宕該法的立法。

肆、合宜住宅政策推動不力

　　合宜住宅政策是內政部於 2010 年 4 月 22 日推動的「健全房屋市場方案」的內容，主要為達政策上「促進臺北都會區住宅供給與需求之均衡，舒緩房價上漲情形」的目的。

　　2009 年行政院長吳敦義宣布於機場捷運 A7 站興建「平價住宅」，後更名改為「合宜住宅」，2010 年「健全房屋市場方案」將合宜住宅納入行政院的政策，成為出售式公共住宅，政策目標為促進臺北都會區住宅供給與需求之均

15　林萬億，2016，《臺灣的社會福利：歷史與制度的分析》，頁714。

衡，並舒緩房價上漲。當時中央興辦的合宜住宅，主要包括林口 A7 合宜住宅及浮洲合宜住宅。地方政府興辦的合宜住宅，包括機場捷運周邊興建合宜住宅構想，臺中市則是推出「幸福好宅—勞工合宜住宅」。

但合宜住宅無法解決弱勢者的居住問題。民間團體並不信任中央政府及地方政府會認真推動社會住宅，後來因發生桃園八德合宜住宅標案之弊案，呼籲政府應該檢討政策，地方政府方逐步增加對社會住宅的關注。

當時無殼蝸牛聯盟發言人呂秉怡抨擊住宅政策出了問題，內政部則是定調政府將推動多元住宅政策，透過社會住宅、租金補貼、貸款利息補貼和合宜住宅等方式來落實[16]，但社會住宅推動聯盟等多個團體抨擊合宜住宅是「以居住正義之名，行圖利建商之實」的糖衣毒藥，要求馬英九總統下令徹查現有合宜住宅案，行政院後來承諾不再推動任何形式合宜住宅[17]。

伍、社會住宅推動聯盟對社會住宅政策倡議

早在社會住宅推動聯盟 2010 年倡議社會住宅政策前，政策上已有對興建房屋只租不售，且以低於市價租金或提供房屋津貼補助之思維，並有反歧視條款。當時屢有社區對於弱勢者的居住排除現象，例如 2002 年臺北市政府社會局招標委託育成社會福利基金會，辦理健軍國民住宅的社

16　楊湘鈞，2014，〈地方再推合宜宅？內政部樂見〉，《聯合報》，6/4，A2。

17　游智文、李皇萱，2014，〈民間團體疾呼：改推社會宅〉，《聯合晚報》，8/7，A3；王志煌，2014，〈吳志揚力推 桃園 1515 住宅計畫 1 萬戶以上社會住宅 5 千戶租金補貼 15 億元住宅基金提撥〉，《工商時報》，7/22，A6。

區家園作為身心障礙者的生活園地抗議事件[18]，引發社會的關注。

但政策制定趕不上社會演變及實際執行落差。

2007年8月25日心路基金會等29個社福團體組成「臺灣社區居住與獨立生活聯盟」，希望政府儘速完成《住宅法》的立法，並引進「社會住宅」觀念[19]。

2009年內政部推動高齡者社會住宅[20]，然而不被房仲業界看好[21]。

2009年5月13日無殼蝸牛聯盟發言人彭揚凱表示，政府應該提供社會住宅，讓弱勢者能夠承租。同年8月26日，為抗議高房價及民眾買不起房子，包括專業者都市改革組織、崔媽媽基金會、老人福利聯盟、伊甸基金會等12大社福團體，宣布成立「社會住宅推動聯盟」，呼籲政府應積極提供「只租不售」的社會住宅，以照顧弱勢[22]。

2010年10月13日馬英九總統接見「社會住宅推動聯盟」代表，該聯盟建議馬英九總統儘速興建「只租不售」的社會住宅，會後，馬英九總統指示行政院長吳敦義，責成內政部、國防部及財政部等中央部會，和臺北縣及臺北

18　林萬億，2016，《臺灣的社會福利：歷史與制度的分析》，頁707-709。

19　程嘉文，2007，〈29個社團扶弱 催生社會住宅〉，《聯合報》，8/26，A5。

20　呂雪彗，2008，〈人口老化 推動高齡者社會國宅〉，《中華日報》，2/28，A4。

21　陳曼儂，2009，〈房仲業看衰：助長投資炒作〉，《聯合報》，11/13，A10。

22　黃啟菱，2010，〈無殼蝸牛聯盟提建言 花敬群：蓋平價出租宅〉，《經濟日報》，5/14，A17；馬婉珍，2010，〈抗議高房價，保障弱勢族群居住權 12社福團體催生社會住宅〉，《工商時報》，8/26，CC2。

市先行研究，並成立專案小組，並由國防部及財政部評估合適的國有土地[23]。此為首次總統直接指示社會住宅的推動。

2010 年 10 月 15 日經濟部國有財產局公告 3 筆地上權出租住宅招標，共 2,700 坪，預計蓋社會住宅，但被批評「只限學生、銀髮族，獨漏身障者」[24]。社會住宅聯盟發言人彭凱揚認為，從該案權利金、設定的租金「仍看不出政府照顧社會弱勢的決心」及認為「政府應思考其他招標模式，一味採取 BOT 概念，永遠都有這樣的問題」[25]。

當時政府宣布將推動社會住宅，是為了回應、照顧經濟與社會弱勢者的居住權益，並認為重要的是讓生活機能、弱勢住民經濟情況能夠獲得改善，以避免社會住宅階層化[26]。故可見到社會住宅政策倡議之轉折。

陸、總統對「社會住宅實施方案會議」之召開及內政部之初步規劃

2010 年 10 月 31 日馬英九總統邀集蕭萬長副總統、行政院長吳敦義、內政部長江宜樺、相關部會首長及臺北縣市首長，召開「社會住宅實施方案會議」。會後，內政部對外說明社會住宅協助對象包括「獨居老人、肢體障礙、罹患特殊疾病、家暴等弱勢族群，還有非弱勢卻買不起或

23　江慧真、管婺媛，2010，〈《成立專案小組 月底提出簡報》蓋社會住宅只租不售 馬指示研究〉，《中國時報》，10/14，A4。

24　柯玥寧、江碩涵，2010，〈國產局首批標售 地上權 2700 坪蓋社會住宅 只限學生 銀髮族 獨漏身障者 弱勢火大抗議〉，《蘋果日報》，10/16，A44。

25　游智文，2010，〈社會住宅聯盟：看不出照顧弱勢的決心〉，《聯合晚報》，10/15，A4。

26　管婺媛，2010，〈避免階層化 不僅「居易」更要「居樂」〉，《中國時報》，10/15，A2。

租不起房屋的青年、學生及外出工作需租屋者」[27]，此為第一次針對社會住宅提出的實施方案。

表 2-2：內政部對「社會住宅實施方案會議」初步規劃原則，2010

	原則	細節內容
1	臺北都會（臺北市、臺北縣）優先辦理	
2	租金補貼為主，興建為輔	包括對社會經濟弱勢者、中低收入家庭租金補貼措施。
3	多元興建方式	考慮採用設定地上權、合宜住宅提供一定比例、地方政府獎勵民間參與、地方政府直接興建、地方政府運用民間空屋等方式辦理。
4	以適度分散、混合居住的模式興辦	為消除貧民窟標籤化問題，不大規模集中設置。
5	中央政府引導、地方政府主導、優先獎勵民間興辦	中央政府經費補助或以提供土地方式，協助地方政府獎勵民間興辦，當民間供應不足時，再考量由地方政府興辦。

資料來源：曾薏蘋，2010，〈社宅打 7 折 兩周大臺北選地 馬總統釋出大利多 興建千戶 年底前規畫 「租金補貼為主 興建為輔」 蔡英文質疑為選舉急就章（2-1）〉，《中國時報》，11/1，A5 版。本研究整理。

當時內政部初步規劃的五個原則（表 2-2），其實主要是解決臺北都會（臺北市及臺北縣）住房問題，而非全國的住房問題。預計臺北市、臺北縣各建 5 處，預期提供 100 戶以上的住宅給優先需求的對象，結合社會福利體系，至於中長期計畫，則是以國防部的眷村改建土地及財政部

27　曾薏蘋，2010，〈社宅打 7 折 兩周大臺北選地 馬總統釋出大利多 興建千戶 年底前規畫 「租金補貼為主 興建為輔」 蔡英文質疑為選舉急就章（2-1）〉，《中國時報》，11/1，A5 版。

經管 500 坪以上國有土地為主，並以租金補貼為主，由地方政府主導。另外，多元興建、適度分散、混合居住思維與社會住宅推動聯盟說帖及參考國外社會住宅興建方式有關。但因是初步規劃，尚無具體的執行方式。

2010 年 11 月 17 日林萬億在社論提出〈社會住宅八問〉，主要對馬英九總統於 10 月 13 日接見了社會住宅推動聯盟之後，政府擬定的社會住宅規劃提出疑問。在該社論中，他提到：

1. 如果是有心支持社會住宅，為何 16 年來只有 3,884 戶出租國宅？

2. 為何國民黨執政迄今，都沒有依政策規劃，現在突然想到？

3. 為何內政部過去未研訂社會住宅實施方案？卻突然就找到五塊土地要去興建社會住宅？

4. 為何國民黨已經執政 2 年半了，卻沒有去積極推動《住宅法》立法？

5. 為何行政院長原是推銷要在林口 A7 段蓋「平價住宅」，但後來卻改口為「合宜住宅」，最近則說其中 5% 要保留給社會住宅使用？

6. 政府沒有錢，如何蓋社會住宅？

7. 是否要相信馬政府的選舉支票呢？

8. 目前將社會住宅施捨給弱勢團體當方式，只是在汙名化社會住宅。[28]

28　林萬億，2010，〈社會住宅八問〉，《自由時報》，11/17，A15。

　　分析林萬億的論點，見到當時將社會住宅政策與國民住宅政策互為對照，並提到國民黨政策制定的問題，包括對於國民住宅出租政策推動不力，而且整體住宅政策過了5年，都還沒有具體政策規劃及實施方案，但卻在1個月間突然找到土地要蓋社會住宅，同時他認為社會住宅需要完善規劃、建立共識，不是突發奇想。

柒、小結

　　分析社會團體倡議過程，在社會住宅政策前，已有對於興建房屋只租不售，且有以低於市價租金或提供房屋津貼補助的思維，但趕不上實際政策執行落差，所以民間團體出現串聯，從社會住宅政策倡議到當時馬英九總統回應，可見到許多利害關係團體都對社會住宅政策走向造成影響。

　　社會住宅政策倡議與實施方案規劃上，國民住宅政策的結束是重要的因素，當時是合宜住宅與社會住宅並行的思維，而後社會住宅實施方案會議召開及初步規劃後，社會住宅政策才開展，但正反意見皆有，規劃也倉促。

　　在林萬億〈社會住宅八問〉一文，點出國民黨對於國民住宅出租政策推動不力，當時核定的整體住宅政策沒有具體政策規劃及實施方案，但卻因政治壓力，而突然提議要興建。

第二節　新北市及臺北市市長選舉納入社會住宅政策議題

2010 年 11 月 27 日臺灣舉行五都選舉，社會住宅議題納入新北市與臺北市選戰中，成為北二都藍綠政黨攻防的部分焦點。當時臺北市長選舉，郝龍斌代表國民黨、蘇貞昌代表民進黨，最後由郝龍斌當選；新北市長選舉，朱立倫代表國民黨、蔡英文代表民進黨，最後由朱立倫當選。藍綠陣營對社會住宅議題各有論述。以下進行相關分析。

壹、新北市長選舉分析

國民黨論點如下：

1. 透過推動社會住宅政策，讓青年能由租轉買，未來能夠輕鬆成家立業 [29]。

2. 未來將組成專責單位，運用既有的空屋轉變為社會住宅，並推動自治條例的訂定 [30]。

3. 加碼補助 [31]。

---

[29] 在新聞提到「國民黨新北市長參選人朱立倫強調推動社會住宅政策，讓青年都能由租轉買，輕鬆成家立業。」資料來源：黃福其，2010，〈朱立倫談就業挺青年〉，《聯合晚報》，9/13，A4。

[30] 在新聞提到「民進黨新北市長候選人蔡英文連日猛攻『社會住宅』政見，國民黨新北市長參選人朱立倫昨天公布社會住宅政策白皮書，表示將組成專責單位，運用既有空屋轉為社會住宅，並推動自治條例。」資料來源：黃福其、鄭筑羚，2010，〈選戰傳真 朱社會住宅政策 運用空屋……〉，《聯合報》（地方版），10/25，B1。

[31] 在新聞提到「馬英九總統、行政院長吳敦義同台造勢，新北市長候選人朱立倫。朱立倫宣布新社會福利政見支票。未來符合社會住宅申請資格的夫妻，除租金優惠外，若有兩名學齡兒童，補助加碼五千元；若符合前述資格又三代同堂同住，再加碼補助五千元。至於家中若只有一名學齡兒童，但與父母同住的夫妻，同樣享有五千元補助」，但被綠營指出朱立倫不懂社會住宅政策。資

民進黨論點如下：

1. 現有社會住宅對於弱勢不友善，應改善[32]。

2. 社會住宅構想被列入「十年政綱」的長期施政目標[33]。

3. 國民黨的社會住宅只是表面跟進急就章作法[34]。

4. 未來將在都市更新計畫預留大量公共空間，以利打造社會住宅[35]。

5. 社會住宅需要全面性規劃[36]。

料來源：秦蕙媛、羅融，2010，〈綠指不懂社會住宅 朱立倫新社福政見 加碼補助五千元〉，《中國時報》，11/20，A4。

32　在新聞提到「民進黨新北市市長參選人蔡英文和社會住宅推動聯盟座談，認為社會住宅對於弱勢不友善。」資料來源：張文馨，2010，〈蔡英文談房市 挺弱勢〉，《聯合晚報》，9/13，A4。

33　在新聞提到「民進黨新北市長候選人蔡英文表示，社會住宅構想不僅是民進黨五都選舉政見，更被列入『十年政綱』的長期施政目標。她希望，馬英九不是只有選舉時拿出來講一講，選後又將它拋在一旁。」資料來源：鄭閔聲、羅融，2010，〈蔡英文：別只是選舉時講講〉，《中國時報》，10/15，A2。

34　在新聞提到「民進黨新北市長候選人蔡英文上午在拜票時，被問到對手朱立倫有意跟進其社會住宅政策，蔡英文回批『朱只是表面跟進，淪為急就章做法』」資料來源：陳雅芃，2010，〈掃街‧拜票 拚戰新北市 蔡英文，綠下周起輔選總動員〉，《聯合晚報》，10/21，A4。

35　在新聞提到「民進黨新北市長候選人蔡英文昨天成立新店競選總部，強調未來將在都市更新計畫時，預留大量公共空間打造『社會住宅』」。資料來源：饒磐安、孟祥傑，2010，〈選戰傳真 新店總部成立 蔡打造藝術重鎮〉，《聯合報》（地方版），10/24，B1。

36　在新聞提到「民進黨新北市長候選人蔡英文說社會住宅是一個很嚴肅的議題，需要全面性規劃，包括中央與地方政府要如何分工進行、哪些人有權利去住、在哪種條件下可以使用等，……，如果政府只是單純釋出沒有使用或賣出的國宅，就是把問題過度單純化，難免令人質疑一切都是為了年底選舉，才會如此急就章的推出利多。」資料來源：曾蕙蘋，2010，〈社宅打7折 兩周大臺

　　影響較大的是當時新北市市長參選人蔡英文與社會住宅推動聯盟座談，將社會住宅政策納入未來的政綱，後來在她當選為總統的任內實現。當時蔡英文批評朱立倫不懂社會住宅政策，所談的社會住宅政策只是租金優惠及補助加碼。

貳、臺北市長選舉分析

　　當時國民黨候選人郝龍斌強調「將增加提供老弱居住和創業青年、一般家庭租住的公營住宅數量」，民進黨候選人蘇貞昌則認為臺北市政府「沒有誠意推動社會住宅」。

　　此次市長選舉社會住宅議題，圍繞在「空軍總部」土地，藍營認為「真能換地成功也未必就是要百分之百的社會住宅」，綠營認為「只是宣傳噱頭」，親民黨候選人宋楚瑜則質疑可行性，並批評臺北市政府沒有「首都格局」定位的都市計畫[37]。但業者認為此塊地作社會住宅是「上等西裝料、做成短褲賣」，會對「周邊房價、租金行情帶來抑制作用」、「可能被貼上負面標籤」及「對於整體住宅市場衝擊有限」[38]。

北選地 馬總統釋出大利多 興建千戶 年底前規畫「租金補貼為主 興建為輔」蔡英文質疑為選舉急就章（2-1）〉，《中國時報》，11/1，A5 版。

37　楊正海，2010，〈郝：北市公營住宅 再增 2 萬戶 社會住宅供老弱者居住 出租宅供一般家庭與青年租用 最快在 103 年有 4 千戶可交屋〉，《聯合晚報》，10/26，A9；林政忠、陳志豪，2010，〈推社會住宅 北市府：絕對不會改變〉，《聯合報》，12/16，A2；鄭宏斌，2010，〈火力全開 綠營質疑：替郝解套 拿香跟拜〉，《聯合報》，11/2，A4。

38　李至和，2010，〈若未善加管理……房仲：壓抑周邊行情〉，《經濟日報》，11/16，A2；王信人、蔡惠芳，2010，〈傾向政商合建 政府出地、建商出資合建，1,661 戶住宅政商將採六四分，預計明年底動工，一年半可完工；房地產業者呼籲當局做好配套規劃〉，《工商時報》，11/16，A4；何醒邦，2010，〈北二都住宅政策 無殼蝸牛要監督〉，《聯合報》，8/25，A11。

　　由於當時為臺灣社會住宅納入選舉政策議題的開始，建築界、都市計畫界有各種不同的聲音，舉例如下：

1. 華昌宜建議國有財產局將此基地轉手標租，或限其使用於租賃住宅，特別提到「……若為特殊家戶須集中照顧者，不宜以租券補貼，仍須由政府興建社會住宅供應。……基地應以極小建蔽率作都市設計，使建物沿四周配置而留中央為廣寬之開放綠地以收公園之實效。」[39]

2. 林建甫建議臺北市的房地產應該走雙軌制，平價住宅要讓老百姓買得起，政府應以這個目標擬定政策[40]。

3. 張曉風建議政府應把小帝寶那塊地拿來種樹[41]。

　　但選舉完後，此議題消失，變成立法院遷建與興建社會住宅（俗稱「小帝寶」）的搶地大戰[42]。然後行政院、立法院、司法院、監察院、臺北市政府表達爭取意願，財團建商、壽險業者也都想搶到這塊「全國僅存最珍貴的國有地」的課題，最後臺北市政府決定先讓此塊地變成綠地[43]。

39　華昌宜，2010，〈小帝寶能不能當社會住宅？〉，《中國時報》，10/20，A14。

40　林建甫，2010，〈《觀念平台》住宅政策應學新加坡〉，《工商時報》，11/17，A5。

41　湯雅雯，2010，〈建國百年 植樹勸募 小帝寶那塊地 張曉風：應種樹〉，《聯合報》，11/30，B2。

42　2012 年空軍總司令部遷出，2015 年 2 月當時行政院院長毛治國宣布空軍總部將全區保留，並讓經濟部工業局接管，成立「TAF 空總創新基地」，2017 年 6 月部分園區移交給文化部，成立「臺灣當代文化實驗場」，以推動文化實驗和社會創新，同年 10 月 18 日 TAF 空總創新基地更名為「社會創新實驗中心」，作為經濟部中小企業處的社企聚落及青創基地。資料來源：管婺媛、陳文信、周志豪、呂昭隆，2011，〈北市想蓋「小帝寶」與立院爭地〉，《中國時報》，7/23，A4。

43　張謙俊、石文南、羅融，2010，〈比政見 蘇：我先提 郝：撿現成〉，

參、小結

分析新北市及臺北市的市長選舉納入社會住宅政策議題，最重要的是當時民進黨新北市的市長參選人蔡英文考慮將社會住宅政策納入未來政綱，臺北市則圍繞在「空軍總部」土地興建 2,000 戶青年與社會住宅出租可行性的爭議與辯論。

選舉讓「社會住宅」議題被確認，在民間壓力下，候選人表態支持及兩黨決策者背書，使地方政府能在後續進行推動，但當時民間團體及民進黨認為國民黨候選人提出的這些議題，只是選舉搶票硬推的急就章政策。

第三節　中央政府對《住宅法》社會住宅條文制定之分析

壹、《住宅法》制訂歷程

《住宅法》草案於 2010 年 9 月 24 日及 2011 年 10 月 7 日一讀，12 月 12 日進行黨團協商，12 月 13 日二讀、三讀，12 月 30 日公布，此為第一版[44]，計 8 章，共 65 條，因已接近中華民國第十三任總統、副總統選舉，所以《住宅法》成為藍綠陣營視為選前必過的重要法案。

《中國時報》，10/16，A2；石文南，2010，〈「黃金當狗屎用」空總居民反對小帝寶〉，《中國時報》，10/25，C2；林政忠，2012，〈曾提出蓋社會住宅、公園、國會大廈……市價上千億稀有地 各方覬覦〉，《聯合報》，12/10，A10；林佩怡，2013，〈不同的聲音 北市想建第二座大安森林公園〉，4/4，《中國時報》，A3；高詩琴，2015，〈杜紫軍：拉長討論期 保留使用彈性〉，《聯合報》，2/28，A12。

44　4 年後民進黨的總統候選人蔡英文提出「8 年興建 20 萬戶社會住宅」的政見，在當選總統後，修正《住宅法》，將包租代管列為興建社會住宅的方式之一，該法於 2017 年 1 月 11 日修正公布，為第二版。

　　內政部當時考量是希望完成立法後，各地均可興建社會住宅，提供土地取得、租稅減免及融資等三大誘因，鼓勵民間參與，並將臺北市及高雄市國民住宅轉為社會住宅。當時有「社會住宅」與「合宜住宅」共同興建的思維。

　　2011 年立法院第 7 屆第 8 會期第 4 次會議議案關係文書，該法立法意旨也提到：「有鑑於國內住宅供需失調，價格起伏波動及住宅市場資訊匱乏等問題嚴重，民眾對於提升居住環境品質及各項居住需求，殷切期望」、「以往公部門住宅業務，分由不同部會辦理，針對不同身分條件之對象，分別以直接興建、利息補貼或輔助修繕等方式，給予不同程度之補助，使住宅資源無法適當整體規劃及作最有效率且公平之利用」、「為結合政府及民間資源，在健全之住宅市場、合宜之居住品質、公平效率之住宅補貼等規劃下，使國民擁有適居且有尊嚴之居住環境」[45]。

　　分析《住宅法》草案參照「社會福利政策綱領」之「居住正義與社區營造」內容，明定得保留一定空間作為福利服務或社區活動使用[46]，也參考《老人福利法》第 18 條規定，明定社會住宅之經營管理者視實際需要，自行或結合社政、物業管理等資源，提供文康休閒等服務。

　　當時《住宅法》的條文歷經不同政黨、行政院、立法院

45　立法院，2011，〈住宅法立法歷程〉。

46　需特別提到「社會福利政策綱領」之「居住正義與社區營造」內容主要寫到「……（二）政府應結合民間，以各種優惠方式，鼓勵民間參與興辦專供出租之社會住宅，除提供適當比例租予具特殊情形或身分者外，並提供外地就業、就學青年等對象租住。（三）政府應確保社會住宅所在之社區有便利之交通、資訊、社會服務等支持系統，以利居民滿足生活各面向之需求。（四）政府提供之社會住宅，應保留一定空間作為福利服務或社區活動之用。……」資料來源：行政院，2012，〈社會福利政策綱領〉。

的修正，過程經過諸多討論[47]，諸如「提供土地取得、租稅減免、融資等三大誘因」、「未來針對供需失衡地區，可視市場實際情形採取必要市場調節措施，包括興建合宜住宅、社會住宅等，並明定合宜住宅5年內不得出售或贈與，以防止炒作房價」等。最後立法院法制局針對行政院《住宅法》草案，提出十大修正方向，主要認為「社會住宅應專供出租給無自有住宅者，並委託公益團體經營管理」、「為提高民間興辦意願，可減徵部分稅捐」、「政府發現住宅供需失衡，須及時進行調節措施」[48]。

貳、《住宅法》（第一版）之社會住宅條文分析

《住宅法》（第一版）發布之社會住宅條文為第14條至第31條，主要規定社會住宅之辦理方式、核准程序、民間興辦社會住宅之獎勵和優惠，以及經營管理、收費和得

---

47 薛孟杰，2011，〈《立院觀測站》住宅法進入立法程序〉，《工商時報》，5/1，A9；楊毅，2011，〈草案月底送交行政院審查 三大誘因 鼓勵民間參與〉，《經濟日報》，5/5，A4；王莫昀，2011c，〈平抑房價？學者：可賣斷 玩假的〉，《中國時報》，7/9，A3；蘇秀慧，2011b，〈住宅法草案 政院週四通過 因應高房價 將建只租不售「社會住宅」〉，《經濟日報》，9/19，A19；呂雪彗，2011b，〈「行政院會今將通過住宅法草案 供需失衡地區 政府將調節」〉，《工商時報》，9/22，A23；徐筱嵐，2011a，〈住宅法草案 立院法制局提修正方向 蓋社會宅 迎接減稅大禮〉，《經濟日報》，11/15，A20；徐筱嵐，2011b，〈停會前拚三讀 住宅五法 今朝野協商〉，《經濟日報》，12/9，A22；張文馨，2011，〈住宅法 朝野達共識 社會住宅保障額度10％〉，《聯合晚報》，12/13，A4；管婺媛，2011，〈《住宅法》三讀通過 社會住宅 至少10％供弱勢租住〉，《中國時報》，12/14，A5；劉開元，2011，〈社會住宅大餅 家暴婦女吃不到〉，《聯合晚報》，12/15，A11。

48 但是該法通過後，隔天勵馨社會福利基金會及崔媽媽基金會表示，受暴單親婦女及子女恐將無法擠進社會住宅名單，呼籲政府應以受暴單親婦女為優先考量對象。

終止租約內容。

分析《住宅法》（第一版）社會住宅條文特色如下：

1. 政府興辦或獎勵民間興辦社會住宅。

2. 以適當比例融居或混居方式，保障居住尊嚴，並維護居住環境品質[49]。

3. 避免住宅供過於求，產生資源閒置浪費之情形。

4. 避免民間興辦之社會住宅過於零散，不易執行監督管理。

5. 得以租賃或設定地上權方式，提供公有非公用土地，或以租賃方式提供建築物，另為利於土地整體規劃及開發，可辦理讓售。

6. 得保留一定空間作為福利服務或社區活動使用。

7. 明定取得社會住宅之方式、新建興辦社會住宅之方式、得以撥用方式，取得興辦社會住宅之土地及建築物。

8. 明定社會住宅之經營管理者，得視實際需要，自行或結合社政、物業管理。[50]（表2－3）

49　該法第3條第2款規定：「社會住宅：指由政府興辦或獎勵民間興辦，專供出租之用，並應提供至少百分之十以上比例出租予具特殊情形或身分者之住宅」，第4條第1項則明定具特殊情形或身分者之範圍，包括「一、低收入戶。二、特殊境遇家庭。三、育有未成年子女3人以上。四、於安置教養機構或寄養家庭結束安置無法返家，未滿25歲。五、65歲以上之老人。六、受家庭暴力或性侵害之受害者及其子女。七、身心障礙者。八、感染人類免疫缺乏病毒者或罹患後天免疫缺乏症候群者。九、原住民。十、災民。十一、遊民。十二、其他經中央主管機關認定者」。與後來《住宅法》修正後的定義不同。

50　內政部，2011a，《住宅法》（2011年版）。

表 2-3：《住宅法》之社會住宅條文分析，2011

	重點
1	避免住宅供過於求，產生資源閒置浪費之情形，規定直轄市、縣（市）主管機關應先綜合考量住宅市場供需情形，評估社會住宅之需求總量、區位及興辦戶數，納入住宅計畫及財務計畫。
2	考量財力資源有限，藉由民間投資興建公共建設，並引進企業經營理念以改善公共服務品質。
3	避免民間興辦之社會住宅過於零散，不易執行監督管理，以新建建築物方式興辦之社會住宅，其建築基地應達一定面積以上。
4	明定民間興辦社會住宅，得以租賃或設定地上權方式提供公有非公用土地，或以租賃方式提供建築物，供其使用，又為利土地整體規劃及開發，辦理讓售，以協助民間取得該零星或狹小公有地。
5	考量社會住宅係部分出租予具特殊情形或身分者居住使用，可能未具完全自償之能力問題，得補貼民間興辦社會住宅之貸款利息、部分建設或營運管理費用。
6	考量民間興辦之社會住宅可能面臨向銀行融通資金之問題。
7	促進民間興辦社會住宅之意願。
8	為利社會住宅之管理，明定建物登記簿標示部應予註記為社會住宅。
9	明定取得社會住宅之方式、新建興辦社會住宅之方式、得以撥用方式，取得興辦社會住宅之土地及建築物。
10	參照社會福利政策綱領「社會住宅與社區營造」內容，明定得保留一定空間作為福利服務或社區活動使用。
11	明定政府或民間興辦之社會住宅，得再依租住對象之身心狀況、家庭組成，提供適宜之設施或設備。
12	明定興辦之社會住宅之管理方式。

13	明定社會住宅<u>承租者申請資格</u>、<u>程序</u>、<u>租金計算</u>、<u>租賃期限</u>、<u>續租期限及其他應遵行事項之辦法</u>。
14	參考「老人福利法」第 18 條規定，明定<u>社會住宅之經營管理者得視實際需要</u>，<u>自行或結合社政、物業管理等相關資源</u>，<u>提供文康休閒、餐飲、轉介、引入社工員等服務</u>。
15	明定直轄市、縣（市）主管機關應對社會住宅之經營管理者，<u>進行輔導、監督及定期評鑑</u>；<u>對評鑑優良者</u>，<u>應予獎勵</u>。
16	明定<u>社會住宅之經營管理者得終止租約</u>之情形。
17	明定<u>收回社會住宅之方式</u>。

資料來源：內政部，2011a，《住宅法》（2011 年版）。本研究整理。粗體黑線為本研究繪製。

參、《住宅法》子法涉社會住宅之條文分析

一、《政府接管民間興辦社會住宅辦法》條文分析

2012 年 8 月 31 日內政部訂定《政府接管民間興辦社會住宅辦法》，該法對於直轄市、縣（市）主管機關已營運之民間興辦社會住宅有問題時，可實施接管，並明定對入住之經濟或社會弱勢者安置方式等[51]。

二、《社會住宅經營管理者評鑑及獎勵辦法》條文分析

2012 年 8 月 31 日內政部訂定《社會住宅經營管理者評鑑及獎勵辦法》，自 2012 年 12 月 30 日施行，並於 2017 年 6 月 28 日修正全文。該法重點在對於社會住宅經營管理者進行評鑑與獎勵[52]。

51　內政部，2012，〈政府接管民間興辦社會住宅辦法〉。

52　內政部，2017a，〈社會住宅經營管理者評鑑及獎勵辦法〉。

三、《民間興辦社會住宅申請審查辦法》條文分析

2012 年 9 月 10 日內政部訂定《民間興辦社會住宅申請審查辦法》，2017 年 6 月 28 日修正條文。該法重點為對民間興辦社會住宅申請人進行申請審查，包括申請人應檢具文件、明訂應補正事項、應審查事項，以及依興辦事業計畫興建及營運辦理變更事項[53]。

四、小結

《住宅法》制定是藍綠陣營於總統大選前必過的重要法案，中央政府認為可提供土地取得、租稅減免、融資等三大誘因，鼓勵民間參與。但當時仍有「社會住宅」與「合宜住宅」共同興建的思維。至於該法之社會住宅條文，其立法意旨是由中央協助地方政府，消除標籤化，並用多種方式來興建社會住宅，重點在考量財力資源有限，希望藉由民間投資興建公共建設。另也訂定《政府接管民間興辦社會住宅辦法》、《社會住宅經營管理者評鑑及獎勵辦法》及《民間興辦社會住宅申請審查辦法》。

但上述都是社會住宅法令的初步構想，後來在興辦社會住宅執行過程中受到挑戰及修正。

第四節　社會住宅政策之執行

2010 年 10 月 13 日馬英九總統接見「社會住宅推動聯盟」代表後，指示中央應成立專案小組。在 11 月 27 日五都選舉後，內政部、臺北市政府、新北市政府開始執行社會住宅政策。以下就執行政策的重點進行分析。

53　內政部，2017b，〈民間興辦社會住宅申請審查辦法〉。

壹、中央政府之社會住宅政策執行

總統 [54]、行政院 [55]、立法院 [56]、內政部 [57]、財政部[58]、營

---

54 錢震宇、李順德，2011，〈壓低雙北房價 馬：開發淡海新市鎮 約百公頃土地 大量供應住宅 讓大家買得起 關於社會住宅 近期將端出牛肉〉，《聯合報》，6/30，A2；崔慈悌，2011，〈馬：將提短中長期住宅政策〉，《工商時報》，7/2，A4；仇佩芬，2011，〈系列記者會第 2 場 黃金十年 馬今談公義社會〉，《中國時報》，10/3，A2；錢震宇，2011，〈馬：支持社會住宅運動〉，《聯合報》，10/5，A11。

55 呂雪彗，2010，〈開發淡海 推萬戶平價宅〉，《工商時報》，11/15，A2；呂雪彗，2011a，〈大臺北蓋 1,600 戶社會住宅 吳撥拍板定案 選定松山、萬華、中和、三重等 5 處國防部眷改土地〉，《工商時報》，8/7，A5。

56 楊美玲，2010，〈國有地建社宅 李述德：全力配合〉，《聯合晚報》，11/3，A2；沈婉玉，2010，〈社會住宅 藍委猛催半年內推動（2-1）〉，《中國時報》，11/4，A5；藍鈞達、邱金蘭，2010，〈立院決議 土銀停售 500 坪以上地〉，《經濟日報》，12/2，A21。

57 徐碧華、蘇秀慧，2010，〈國宅政策 重新啟動 將以容積獎勵民間興建社會住宅；考慮擴大補貼租金和購屋利息〉，《經濟日報》，11/1，話題；陳美珍，2010，〈都會租金補貼可望加碼〉，《經濟日報》，11/9，A17；陳怡伶，2010，〈社會住宅能成台灣奇蹟？〉，《中國時報》，11/16，A14；陶煥昌、陳珮琦，2010，〈松山區社會住宅 居民抗議〉，《聯合晚報》，11/18，A16；唐嘉邦、陳俊雄，2010，〈社會宅設三重 引發抗議〉，《中國時報》，11/18，C2；沈旭凱，2010，〈中和蓋社會住宅 地方不歡迎〉，《聯合報》（地方版），11/19，C2；高詩琴，2010，〈「社宅拖垮治安」松山居民抗議〉，《聯合報》，11/18，B1；李順德，2010，〈江宜樺：社會住宅 不會貧民窟化〉，《聯合報》，12/15，A3；陳志平，2010，〈單身租金補貼 門檻擬調降 社會住宅規劃方案 申請年齡由 40 歲降至 35 歲 最快明年實施〉，《聯合晚報》，12/22，A7；蘇秀慧，2011a，〈合宜＆社會住宅四年要蓋 1 萬戶〉，《經濟日報》，8/11，A17；鄭筑羚，2011a，〈好所在 3 處社宅 名建築師規畫〉，《聯合報》（地方版），8/12，B1；李順德，2011a，〈內政部社會住宅 延明年動工〉，《聯合報》，8/23，A11；張祐齊，2011，〈社宅未立法就要蓋 議員反對〉，《聯合報》（地方版），10/19，B1。

建署[59]有各式執行之構想，但也受到批評。

最開始是重啟國民住宅政策來興建社會住宅，同時以容積獎勵民間興建之方式來執行，而後是要求財政部將大臺北 500 坪以上的國有地用來興建社會住宅，研議實施租屋券之配套評估。同時社會住宅方案規畫放寬單身者申請租金補貼年滿 40 歲規定，以中長期供給至少 1 萬戶以上的合宜住宅或社會住宅為目標。

但發現中央政府雖有各類政策思維，計畫出來後卻直接受到地方民眾反彈聲浪，主要反彈聲浪為居民擔心房價下跌及治安問題，為解決這些反彈，也促成後來相關溝通機制的建立。

此階段行政院於 2011 年 6 月核定內政部提報的「社會住宅短期實施方案」[60]，初步辦理萬華青年段、松山寶清段、三重大同南段、三重大安段及中和秀峰段等 5 處社會住宅，預計興建 1,661 戶，由內政部住宅基金補助土地價款[61]，後續再由地方政府採用因地制宜之方式興辦[62]。

---

58 在新聞提到「政府推動社會住宅政策頻頻受阻！財政部國有財產局北區辦事處昨天傍晚突然宣布，原訂今天招標的北市內湖區康寧路三段的銀髮住宅土地地上權，由於居民強烈反對，將公告停標。」資料來源：賴昭穎、何醒邦，2010，〈居民反對 銀髮宅蓋不成 憂救護車、外籍看護進出 憂房價下跌 此例一開 社會住宅會不會都沒下文？〉，《聯合報》，12/15，A1。

59 在新聞提到「營建署長葉世文昨天低調表示，大臺北地區五處社會住宅都還在與居民溝通中；『居者有其屋』雖是全體社會共識，但現階段具體的社會住宅連個影子都還沒出來，如今再計畫新增推八萬戶，『有點不太可能』。」資料來源：羅介好，2011，〈社會住宅打頭陣 浮洲合宜住宅動土 將造福 4480 戶〉，《聯合報》，12/13，A11。

60 內政部，2011b，〈社會住宅短期實施方案〉。

61 內政部，2016a，〈內政部中程施政計畫（102 至 105 年度）〉。

62 2014 年「社會住宅短期實施方案」規劃興建 1,919 戶。2015 年改

貳、臺北市政府之社會住宅政策執行

　　2011 年臺北市政府最初的構想是成立「臺北市物業管理公司」，但也發生居民質疑，並受到社會住宅推動聯盟的抗議。主要是抗議臺北市政府申請承租的資格寬鬆，同時租金一致化，變成弱勢民眾要與中產階級搶房子，搶到卻有租不起的問題。同時議員亦發出質詢質疑臺北市政府的相關政策執行方式[63]。另當時民間業者也有提出「平價國宅」的特殊構想[64]。

規劃興建為 1,923 戶，以提供社會經濟弱勢者、中低收入家庭、就學就業青年及新婚家庭居住。資料來源：內政部統計處編輯，2015，《中華民國 104 內政概要》，頁 111–112；內政部統計處編輯，2016，《中華民國 105 內政概要》，頁 110；內政部，2016a，〈內政部中程施政計畫（102 至 105 年度）〉，頁 1–16。

63　陳乃綾，2010b，〈北市 將設物業管理公司 地方政府成立相關公司首例 管理社會住宅、出租住宅 教育部、北縣府都想參股〉，《經濟日報》，12/5，A6；林佩怡，2010，〈郝：居民若反對 社會宅絕不蓋 北市府辦座談 市長郝龍斌與松山區寶清段民眾面對面 支持與反對聲音都有 座談無具體結論〉，《中國時報》，12/13，C2；黃驛淵，2011a，〈社福開發案 已成公共議題〉，《聯合報》，2/18，C2；王信人，2011，〈蓋社會住宅 北市自編預算〉，《工商時報》，8/14，A4；陶煥昌，2010，〈市府允諾改善 青年住宅執行偏低〉，《聯合晚報》，9/27，A10；周志豪，2011，〈公營住宅申請標準寬 弱勢抗議〉，《聯合報》，11/8，A10；陳芃，2011，〈大龍峒公宅被批排除弱勢 社會住宅推動聯盟要求保留三成給弱勢家庭 依所得收不同租金 市府承諾未來較大公營住宅會實施〉，《中國時報》，11/8，C2；郭安家、程嘉文，2011，〈改闢成公園或社會住宅 盼遷軍營 文山人提規劃案〉，《聯合報》，11/26，B1。

64　最初臺北市的社會住宅廣義分為平價住宅、出租國民住宅、中繼住宅、公營出租住宅四類，早期有公有出租住宅政策，例如安康平價住宅，而後在郝龍斌擔任市長任內有「多元增加公營住宅數量」行動計畫，到柯文哲擔任市長任內有「公共住宅計畫三部曲」計畫，包含「捷運聯合開發住宅」、「中繼住宅」、「公辦都更」。資料來源：李麗滿，2011，〈與北市府合作 IKEA 挑戰國宅裝修〉，《工商時報》，12/16，A18。

參、新北市政府之社會住宅政策執行

新北市政府此時在摸索如何執行社會住宅政策，與臺北市政府較不同的作法是連結專家學者及社會住宅推動聯盟力量，研擬出《社會住宅自治條例》草案，並出現「原住民社會住宅聚落」思維，但也同樣遭遇到居民的抗爭[65]。

肆、學者對社會住宅政策的批判

此時專家學者透過社論提出許多不同意見，正面及反面的意見都有（表2-4）。

正面意見主要認為：

1.應以民間力量來推動社會住宅。

2.社會住宅不是貧民窟。

3.社會住宅的居住正義是結合政治、經濟和社會的重要議題。

---

[65] 陳俊雄、殷偵維，2010，〈上任動起來 朱立倫：市府團隊沒有假日 召開市政會議臨時會 視察警政、消防業務 今天將到三鶯、溪洲部落 強調要在最短時間內了解市政〉，《中國時報》，12/26，C2；黃福其、王汝聰、錢震宇，2011，〈現有空屋當社宅……不必等〉，《聯合報》，1/18，A4；黃福其，2011a，〈三鶯部落將租地建原民〉，《聯合報》（地方版），3/6，A4；黃福其，2011b，〈新北市社會住宅 照顧就學就業者〉，《聯合報》，10/14，A6；林金池，2011b，〈朱立倫：別閉著眼睛抄北歐 催生社會住宅 新北市將「利誘」建商〉，《中國時報》，8/27，A6；鄭筑羚，2011b，〈社宅善用空餘屋 擬補貼推動〉，《中國時報》，9/4，B1；黃福其、王問鼎，2011，〈中和、三重社會住宅 租金市價8折 中央選定3處 昨辦招商說明會 明年2月招標 9成是1房1廳 青年有穩定所得 才能入住〉，《聯合報》（地方版），11/23，B1；殷偵維，2011，〈7低收戶簽切結書獲緩拆數日〉，《中國時報》，12/2，C1；羅介妤，2011，〈社會住宅打頭陣 浮洲合宜住宅動土 將造福4480戶〉，《聯合報》，12/13，A11。

反面意見主要認為：

1. 建議政府應推動自有住宅，而非推動社會住宅。

2. 社會住宅是幌子及騙術，無助抑制臺北都會房價的飆漲。

3. 政府應拿出有限土地廣建可以被賣斷的合宜住宅，只租不售的社會住宅應只占少數。

4. 應停蓋社會住宅，並應鼓勵讓空屋作為中繼住宅，以照顧弱勢族群的居住需求。

值得關注是對空屋轉為社會住宅之議題，當時花敬群認為會衝擊社會住宅的推動，並成為官員或業者不願推動的藉口，論點是空屋所產生資源浪費，理論上稱為「沉沒成本」，是未經認真思考且過度簡化問題，同時他也認為居住正義的核心目標是保障人民基本居住需求的住宅政策。

表 2 - 4：專家學者對社會住宅政策的不同意見，2011

	論點	時間（西元年/月/日）	發言者	報導重點	資料來源
同意	應以民間力量來推動社會住宅	2011/6/27	夏鑄九	「民間力量比政府強」，<u>應以民間力量來推動社會住宅</u>。	陳宛茜，2011
	社會住宅出租只占少數不對	2011/7/9	張金鶚	政府拿出有限的土地，廣建可賣斷的合宜住宅，<u>其中只租不售的社會住宅只占少數</u>，這比例完全搞錯。	王莫昀，2011b
	社會住宅應只租不售	2011/8/18	張金鶚	從 0.08 % 喊 到 10%是天方夜譚，推出的合宜住宅以<u>出售為主，是一大敗筆</u>。	仝澤蓉，2011；黃啟菱，2011
	社會住宅能保障人民基本居住需求	2011/9/15	花敬群	<u>高房價是民怨之首所產生的社會壓力與五都選舉的背景，讓社會住宅與居住正義成為綜合政治、經濟與社會的重要議題，更成為總統大選政策競爭中重要的一部分</u>。居住正義的核心目標是保障人民基本居住需求的住宅政策。	黃啟菱整理，2011

	社會住宅不是貧民窟	2011/10/28	陳怡伶	<u>社會住宅不是貧民窟。</u>	陳怡伶，2011
	空屋可取代社會住宅說法是未經認真思考且過度簡化問題	2011/11/27	花敬群	空屋轉為社會住宅相當程度上是一相情願的想法。過度偏重這個概念可能衝擊社會住宅的推動，也會成為不願推動社會住宅的官員或業者的藉口。……<u>空屋可取代社會住宅說法，其實是未經認真思考且過度簡化問題。</u>	花敬群，2011
反對	應推動自有住宅，而非社會住宅	2010/12/1	胡勝正	民眾抱怨買不起房子，<u>政府應推「自有住宅」，而非推動社會住宅</u>，自有住宅可以帶給民眾成就感，穩定社會。	陳乃綾，2010a
	社會住宅政策是騙術，無助抑制臺北都會房價飆漲	2011/7/9	黃瑞茂	<u>社會住宅政策，根本是個幌子，是騙術！</u>無助於抑制臺北都會房價飆漲。	王莫昀，2011c
	有太多空屋應停蓋社會住宅	2011/11/4	莊孟翰	<u>政府應停蓋社會住宅，並鼓勵空屋改作中繼住宅。</u>	蔡惠芳，2011

備註：粗體黑線為本研究繪製。

伍、小結

此時期中央政府與地方政府對社會住宅政策執行，有不同政策思維，但受到地方民眾反彈，為解決這些反彈，促成相關溝通機制的建立，專家學者對社會住宅政策的意見也是正反面都有。

第五節　社會住宅政策作為第十三屆總統大選之選舉議題分析

2012 年 1 月 14 日舉行第十三任總統、副總統選舉，該次大選中，社會住宅成為總統大選辯論的議題。當時國民黨總統候選人為馬英九，民進黨參選人為蔡英文，親民黨參選人為宋楚瑜，最後由馬英九獲勝。在選舉過程中，國民黨、民進黨相互攻訐，社會住宅推動聯盟也對總統候選人所提社會住宅的政見有所不滿[66]。

從當時舉辦的總統辯論會，分析三黨的觀點：

---

[66] 林金池，2011a，〈朱立倫批蔡：10％社宅不加稅 胡扯〉，《中國時報》，8/20，焦點新聞；游智文、曾桂香，2011，〈落實正義 考驗執行力〉，《聯合晚報》，8/24，話題；陳雅芃，2011，〈小英喊：我們要有 10％社會住宅 發表十年政綱住宅篇 主張只租不售 並設退場機制 檢查住戶資格 所得若達一定水準 就要求搬遷〉，《聯合晚報》，8/18，A3；陳文信、殷偵維，2011，〈蔡：只租不售社會住宅應占都會區 1 成 推「十年政綱」住宅篇 主張由政府主導大規模都更 規畫層級更應提高到行政院、甚至總統府〉，《中國時報》，8/19，A4；張文馨，2011，〈住宅法 朝野達共識 社會住宅保障額度 10％〉，《聯合晚報》，12/13，A4；孔令琪，2011，〈「北市：一向只租不售 歡迎蔡取經」〉，《聯合晚報》，8/18，A3；朱真楷，2011，〈「蔡：社會住宅 應只租不售」〉，《中國時報》，10/1，A6；黃驛淵，2011b，〈蔡：馬省自己的 花國家的錢〉，《聯合報》，12/31，A2；王莫昀，2011a，〈「亂拳打死老師傅」馬住宅政策 住盟：口水多過牛肉〉，《中國時報》，8/27，A6；鄭宏斌、黃驛淵，2011，〈居住正義 蔡宋：實價課稅〉，《聯合報》，12/18，A2。

1. 民進黨總統候選人蔡英文主張，推動社會住宅是民進黨主要目標。

2. 國民黨總統候選人馬英九主張未來會逐步推動社會住宅。

3. 親民黨總統候選人宋楚瑜提出「兩桶金」計畫[67]。

值得注意的是民進黨總統參選人蔡英文公布「十年政綱住宅篇」，主張社會住宅必須達到都會住宅量的 10％，她承諾如果當選，將成立「公共住宅建設基金」。但她的觀點受到批評，例如張金鶚認為「這項政見未能抓到住宅政策重點，因為政府是否有那麼多土地、經費達成就是問題」[68]。另社會住宅推動聯盟對於馬英九總統提出的住宅政策，宣示落實居住、土地正義，認為是「亂拳打死老師傅」的手法，批評政府以黑心住宅政策瞞混過關[69]。

因在總統大選提出社會住宅議題，使未來此政策推動更被重視。當時倡議議題，便不是以全國為範圍，而侷限在新北市及臺北市，主要與都會區選舉及購屋壓力相關[70]。

67　另在新聞報導中提到親民黨總統候選人宋楚瑜的提議，是把閒置蚊子館改造，讓年輕人用比較便宜的方式來租。「兩桶金」計畫所指的第一桶金，是指用當地租金百分之七十五來出租，幾年之後，年輕人如果要搬離，還他一部分的錢，讓他可以買他想買的房子；第二桶金是撥給年輕人 10 年勞退基金，讓他可以去買房子。資料來源：鄭宏斌、黃驛淵，2011，〈居住正義 蔡宋：實價課稅〉，《聯合報》，12/18，A2。

68　王莫昀，2011c，〈平抑房價？學者：可賣斷 玩假的〉，《中國時報》，7/9，A3。

69　王莫昀，2011a，〈「亂拳打死老師傅」馬住宅政策 住盟：口水多過牛肉〉，《中國時報》，8/27，A6。

70　林萬億指出青年與新婚夫妻等中間選民是高房價受害最深的人口群，是選戰決勝關鍵，故引發藍綠雙方激烈攻防，社會住宅議題成為臺灣有史以來選舉攻防戰主軸。資料來源：林萬億，2016，《臺灣的社會福利：歷史與制度的分析》，頁 717-718。

第六節　小結

壹、政治過程

　　因初期規劃倉促，各界正反意見皆有，中央與地方政府有各類政策思維，因受地方民眾反彈，也被迫修正政策內容。最初倡議社會住宅議題便不是以全國為範圍，而侷限在新北市及臺北市，主要與都會區選舉及購屋壓力相關。

　　社會住宅政策經歷第三部門多年的推動而成功，主要因國民住宅出租政策推動不利、核定的整體住宅政策沒有具體政策規劃及實施方案、房價高漲及受到強大政治壓力。最初被新北市及臺北市的市長選舉納入社會住宅政策議題，但影響深遠的是民進黨新北市市長參選人蔡英文開始將社會住宅政策納入未來政綱，而後在第十三屆總統大選，擔任民進黨之總統參選人蔡英文公布「十年政綱住宅篇」，主張社會住宅應該只租不售及達到都會住宅量 10％，並應成立「公共住宅建設基金」，都對後來社會住宅政策造成影響。

　　此階段中央政府與地方政府對社會住宅政策執行有各種思維，夾雜「社會住宅」與「合宜住宅」興建思維，但強烈受到地方民眾反彈，也因此促使中央及地方政府被迫進行溝通機制的建立。《住宅法》（第一版）發布施行成為藍綠兩黨陣營於第十三屆總統大選前必過的重要法案，主要思維是由中央協助地方政府多樣方式興建，並消除社會住宅的標籤化。

貳、經濟合理化過程

　　主要透過修訂《住宅法》，提供社會住宅土地取得、租稅減免、融資等誘因，鼓勵民間參與，當時考量政府財力

資源有限，希望藉由民間投資興建公共建設。

　　社會住宅政策此階段在經濟上考量政府財力資源有限，故希望藉由民間投資興建，透過「社會福利政策綱領」內「居住正義與社區營造」及《老人福利法》第 18 條規定，明定社會住宅得保留一定空間作為福利服務、社區活動使用，自行或結合社政、物業管理資源等服務。但上述內容都只是初步構想，在下一階段政策執行過程受到挑戰及修正。

參、偏差與偏差動員

　　此階段社會住宅政策行為者主要包括總統、總統候選人、政黨（國民黨、民進黨）、市長選舉候選人、中央政府（行政院、立法院、財政部、內政部）、臺北市政府、新北市政府、社會住宅推動聯盟、學者、民間建築業者、周邊相關居民，以總統候選人及社會住宅推動聯盟的影響最大。

　　偏差動員形成包括國民住宅政策結束、整體住宅政策停滯、《住宅法》（草案）擬定後無法發布施行、合宜住宅政策推動不力、政黨考量選舉效益、住宅政策受到批評，都市住宅房價壓力促成政治壓力，致使社會住宅政策擬定。

　　偏差動員運作包括內政部對「社會住宅實施方案會議」初步規劃，行政院核定「社會住宅短期實施方案」、《住宅法》規定社會住宅辦理方式、臺北市政府及新北市政府研擬相關方案，此時第三部門（主要為社會住宅推動聯盟）與中央政府、地方政府之間的關係是緊繃的。

　　偏差動員變遷包括社會住宅推動聯盟對社會住宅政策倡議、總統對社會住宅實施方案會議召開、新北市及臺北市

市長選舉納入社會住宅政策議題、第十三屆總統選舉納入社會住宅政策議題。（表2-5）

表2-5：臺灣社會住宅政策偏差與偏差動員，2010-2011

項目		內容
偏差	行為者	1. 馬英九總統。 2. 第十三屆總統候選人蔡英文。 3. 政黨（國民黨、民進黨）。 4. 臺北市市長選舉候選人（郝龍斌、蘇貞昌）、新北市市長選舉候選人（朱立倫、蔡英文）。 5. 中央政府（行政院、立法院、財政部、內政部）。 6. 臺北市政府、新北市政府。 7. 社會住宅推動聯盟。 8. 學者。 9. 民間建築業者。 10. 周邊相關居民。
偏差動員	形成	1. 國民住宅政策結束。 2. 整體住宅政策停滯。 3. 《住宅法》（草案）擬定後無法發布施行。 4. 合宜住宅政策推動不力。 5. 考量選舉效益。 6. 住宅政策受到批評。
	運作	1. 中央政府 （1）內政部對「社會住宅實施方案會議」初步規劃原則。 （2）行政院核定內政部提報之「社會住宅短期實施方案」。 （3）《住宅法》對於社會住宅之辦理方式等規定內容。 2. 地方政府 （1）臺北市政府研擬「多元增加公營住宅數量」行動計畫及各式構想。

		（2）新北市政府研擬「社會住宅自治條例」草案、「原住民社會住宅聚落」思維。
	變遷	1. 社會住宅推動聯盟對社會住宅政策倡議。 2. 總統對社會住宅實施方案會議之召開。 3. 學者對社會住宅政策抱持正面及反對意見。 4. 新北市及臺北市市長選舉納入社會住宅政策議題。 5. 第十三屆總統選舉納入社會住宅政策議題。 6. 業者採觀望或反對政策態度。

資料來源：本研究整理。

第三章　社會住宅政策停滯與變動，2012‐2015

經過社會住宅倡議及研訂《住宅法》之相關條文後，在第十三屆總統大選後，社會住宅政策執行出現反彈及停滯，但也因現實的處境，激發出新的作法，影響了 2016 年政策的修正。本章從中央及直轄市（臺北市、新北市、桃園市、臺中市）社會住宅政策執行，以及市長及總統大選之選舉議題進行分析，並分析社會住宅推動聯盟在巢運所提出之相關訴求，討論此時期之偏差及偏差動員。

第一節　中央政府對社會住宅政策之執行

壹、行政院

2012 年 9 月行政院公共工程委員會表示搭建保險業投資公共建設平台[1]。

2014 年行政院逼降房價問題，社會住宅興建是其中一

---

[1] 呂雪彗，2012，〈新任內政部長李鴻源：活化閒置空間 要把社會住宅 餅做大〉，《工商時報》，2/2，A5。

項工具[2]。

2014 年 3 月社會住宅被納入《促進民間參與公共建設法》之「法定公共建設範圍」（屬於社會及勞工福利設施），地方政府可依該法辦理招商，提供相關優惠，以提昇民間興辦社會住宅之意願[3]。

2014 年 4 月行政院金管會修改《保險資金運用管理辦法》，將社會住宅及老人住宅納入公共投資範圍，例如壽險資金投入興建社會住宅及老人住宅，可不受不動產投資需要有 2.875％投報率的限制[4]。

2014 年 5 月國家發展委員會表示透過跨域加值方案之容積增額，有助增加社會住宅之供給[5]。

2014 年 6 月行政院規劃開放業者經營附屬事業，納入日間照護中心、幼兒托育設施、旅館、複合式商場等，以提升社會住宅的財務自償性[6]。

2015 年 8 月行政院經建會前主委張景森提到，中央政府面對社會住宅政策的問題，第一是土地，第二是資金，認為地方政府涉及到法規或公有地，應由中央政府出面，但要透過獎勵民間興建方式取得社會住宅[7]。

2　孫偉倫、林安妮，2014，〈逼降房價 江揆祭四個工具 1. 調整稅制 2. 縮小城鄉差距 3. 續推合宜、4. 增加公營出租物件 強調力道不會一下子太猛〉，《經濟日報》，4/23，A2。

3　林安妮，2014b，〈促參大翻修 PFI 將上桌〉，《工商時報》，10/10，A4。

4　洪正吉，2014，〈壽險投資社會宅 免投報率限制〉，《中國時報》，4/23，AA1。

5　林淑慧，2014a，〈建築容積增額 國發會：有助社會宅供給〉，《工商時報》，5/23，A21。

6　林淑慧，2014b，〈提升財務自償性 社會住宅 開放經營附屬事業〉，《工商時報》，6/26，A4。

7　鄭宏斌，2015，〈張景森：中央地方合作蓋社宅〉，《聯合報》，

　　另外因 2014 年無殼蝸牛等社運團體組成「巢運」，加上第十四屆總統大選的選戰逼近，行政院喊出社會住宅倍數成長[8]，同時要求內政部明確「社會住宅」之定義[9]。

　　歸納行政院此時期作法，是將社會住宅納入《促進民間參與公共建設法》之「法定公共建設範圍」，作為逼降房價問題的工具之一，並計畫透過跨域加值方案中的增額容積，以增加社會住宅的供給，規劃開放業者經營附屬事業，提升社會住宅個案的財務自償性。以下就重要方案及政策進行分析。

一、社會住宅中長期推動方案

　　2014 年 1 月 6 日行政院核定「社會住宅中長期推動方案」[10]，該推動方案的配套措施有「辦理成立社會住宅行政法人先期規劃作業」。分析該方案第一期實施計畫推動的第一項為「興辦社會住宅」，期程是 2014 年至 2023 年，興辦主體為各地方政府，由內政部優先補助地方政府相關經費來辦理國民住宅用地興辦社會住宅，或利用閒置校園、公有閒置建築物改建社會住宅，或由地方政府自辦社會住宅，預期量能提升至 3 萬 4 千戶，並優先照顧弱勢者、青年族群，加計租金補貼，每年約提供 6 萬 5 千戶，合計提供租屋協助約 10 萬戶[11]，希望提供額外工作機會，減少社會住宅被標籤化之疑慮。

8/31，A4。

8　黃詩凱，2014，〈地段包括北市萬華、松山，新北市三重、中和等 江揆近日拍板 社宅 10 年增 5 倍〉，《聯合報》，9/22，A4。

9　呂雪彗，2014a，〈社會住宅 10 年衝 10 萬戶〉，《工商時報》，9/25，A20。

10　內政部統計處編輯，2014，《中華民國 103 內政概要》，頁 111。

11　詳見行政院 103 年院臺建字第 1020079079 號函。

　　例如在 2015 年「社會住宅中長期推動方案」主要內容有「一、研擬『社會住宅中長期推動方案』補助須知。二、審查及核定各直轄市、縣（市）政府提報之申請補助計畫。三、督導受補助單位推動計畫」[12]；2016 年「社會住宅中長期推動方案」主要內容有「一、審查及核定直轄市、縣（市）政府提報之申請補助計畫。二、督導受補助單位推動計畫」，其中「整體住宅計畫及財務計畫」主要內容為「辦理整合住宅補貼、社會住宅、住宅需求動向調查分析；加強推動租賃價格實價登錄及資訊透明；推動住宅性能評估制度作業及無障礙住宅獎勵補助等住宅相關業務」[13]。

　　2015 年 2 月內政部公布「內政部社會住宅中長期推動方案申請補助作業須知」，提到經由內政部補助地方政府[14]，依據《促進民間參與公共建設法》，採 BOT 興辦社會住宅，同時以地上權設定附屬事業者，受補助之直轄市、縣（市）政府應與民間機構約定，相關附屬事業不得作為住宅[15]。另興辦社會住宅的規劃主體，包含由政府規劃、招商民間興辦及由民間自行提出規劃內容[16]。

12　內政部，2015，〈內政部 104 年度施政計畫〉，頁 2-22。

13　內政部，2016b，〈內政部 105 年度施政計畫〉，頁 2-13。

14　整理該方案補助的經費資料如下：2014 年該方案補助地方政府 12 處先期規劃費，計 1,800 萬元；2015 年補助地方政府 10 處先期規劃費，計 1,500 萬元，核定補助工程案 4 件，約計 11 億元（跨年度經費總額度控管），用地有償撥用案 1 件約 4.3 億元；2016 年補助地方政府 14 處先期規劃費，計 2,100 萬元，核定補助工程案件 1 件及用地有償撥用案 3 件，合計約 8 億 7,360 萬元。資料來源：內政部，2015，〈內政部 104 年度施政計畫〉，頁 2-1-2-2；內政部統計處編輯，2015，《中華民國 104 內政概要》，頁 112；內政部統計處編輯，2016，《中華民國 105 內政概要》，頁 110。

15　詳見內政部 104 年 2 月 5 日台內營字第 1040801379 號函。

16　其中「民間」之定義，是依《公司法》設立之公司或其他經主辦機關核定之私法人，其政府或公營事業出資或捐助額度不得超過該私法人資本或財產總額之 20％。

　　分析主要重點在該法提出社會住宅是作為社會福利設施，同時放寬保險業資金參與公共投資和社會福利事業投資之限制。

　　但這時期，民間團體投入意願並不明顯，然從該方案演進及預期目標，可發現對社會住宅政策的執行上有步驟與邏輯性。

二、整體住宅政策

　　行政院於 2003 年、2008 年及 2011 年檢討整體住宅政策實施方案，研擬「整體住宅政策實施方案（101 至 104 年）」，並擬定「健全房屋市場專案」，但整體住宅政策最初也受到批評[17]。

　　2015 年 9 月 15 日行政院再次核定「整體住宅政策」[18]，

17　特別是張金鶚提到該目標與實際做法有相當落差，房市問題造成貧富差距更加懸殊。節錄張金鶚對健全房市的看法：「……首要之務在於穩定房市成長，使供給及需求能均衡發展，打擊房地產過度投資與投機炒作；其次，協助中低收入者提升購屋能力，增加提供出租社會住宅，健全房屋租賃市場；第三，建立房地產資訊平台促使資訊透明化，並建立不動產交易安全保障機制，讓民眾買的放心也住的安心；第四，為避免有過多的投資或投機客進入市場，使房價產生泡沫，造成資產縮水，銀行須加強不動產貸款風險控管，另一方面銀行亦須對土地與建築融資嚴格把關，避免『捉小放大』；最後，在不動產買賣交易上，因不論是房屋現值或是土地公告現值皆與實際差距過大，無法顯現土地及房屋的持有及交易成本，因此須改善不合理的稅制，增加社會公平。」資料來源：張金鶚，2010，〈《觀念平台》房價不合理 為何不能打房？〉，《工商時報》，10/15，A5。

18　2015 年版的「整體住宅政策」寫著：「基於憲法保障國民基本人權之精神，結合政府與民間資源，在健全之租售住宅市場、合宜居住環境品質、多元居住協助與社會住宅之規劃下，達到不同所得水準、身心機能、性別、年齡、家戶組成、族群文化之國民，均擁有適宜且有尊嚴之居住環境。」資料來源：行政院，2015，〈整體住宅政策〉。

並於 2019 年再次修正。分析此整體住宅政策重點在幾個方面：

1. 要求推動建置無障礙住宅及社區環境。

2. 要求推動住宅通用設計，研究建立無障礙住宅之通用化設計規範，以及舊有住宅無障礙化之可行性。

3. 鼓勵私部門及第三部門開發興建或改良無障礙住宅、改善公寓大廈公共空間及其他無障礙設施。

此政策目標的變化是由「住者有其屋」轉變為「住者適其屋」，計畫在 2020 年完成「社會住宅興辦計畫」及「社會住宅包租代管試辦計畫」中期目標。

分析該政策主要強調要創造適合高齡者、永久性及暫時性身心障礙者之無礙生活居住環境，減少社會歧視及排擠；強調透過興建社會住宅，提供租金補貼等措施，擴大弱勢家庭租屋供給或選擇；建議加強運用社區營造，並與民眾溝通，優先利用閒置空間，新建或改建為社會住宅，結合都市計畫變更等，設置公益設施，回饋捐贈一定比例之房地作為社會住宅。

貳、立法院

立法院主要建議行政部門應該參考新加坡的制度，也有建議未來強制公有地無償撥用，也有提議可以成立社會住宅專責之「住宅法人」及要求「內政部應推動社會住宅，排除老人租屋障礙」。2015 年 12 月 17 日立法院三讀通過《都市計畫法》修正草案，將「社會福利設施」列為都市計畫之公共設施，並需按里鄰單位、居民分布等情形適當

配置[19]。

參、財政部

分析財政部協助社會住宅政策，主要透過下列方式：

1. 國有地解禁[20]。

2. 租稅優惠[21]。

3. 公有地無償撥用[22]。

4. 透過都市計畫變更程序，在各都市計畫地區內劃設社福或社會住宅專用區[23]。

5. 提供社會住宅融資[24]。

6. 將房地合一課稅收入撥出部分給住宅基金，作為租金補貼和興建社會住宅之財源[25]。

---

19 江富滿，2014，〈盼釋出土地 廣建社會住宅 立委陳根德：政府應參考新加坡，目標住者有其屋，才是真正的居住正義〉，《工商時報》，5/16，A28；郭建志，2015a，〈地方蓋社會宅 立委推公有地無償撥用〉，《工商時報》，4/7，A3；郭建志，2015b，〈立院初審通過 老人津貼 不得扣押、擔保〉，《工商時報》，10/29，A19；郭建志，2015c，〈都市計畫法修正 社會住宅入法〉，《工商時報》，12/17，A15。

20 蘇芳禾，2012，〈500 坪以下 國有地解禁 立委社團反對〉，《聯合晚報》，8/26，A2。

21 林淑慧、薛孟杰，2013，〈財部提供誘因 民間興辦社會住宅 可免地租〉，《工商時報》，3/5，A4。

22 吳泓勳、舒子榕，2014，〈社會住宅 公有地可無償撥用〉，《中國時報》，3/15，A8。

23 林淑慧，2014c，〈都市計劃區 將劃定專用區〉，《工商時報》，6/26，A4。

24 邱金蘭，2014，〈公股銀打亞洲盃 禁削價競爭 財部召集行庫總經理開會 要求強化資本適足率 配合央行打炒房〉，《經濟日報》，7/17，A17。

25 管婺媛，2014，〈房地合一稅收蓋社宅 財長打槍〉，《中國時報》，

值得注意的是財政部在公有地無償撥用，配合都市計畫變更程序及補貼財源的方式。

肆、內政部

內政部長李鴻源表示社會住宅要符合真正的社會公平正義，應該從管理面著手。主要透過下列方式：

1. 活化閒置空間政策[26]。

2. 無息貸款[27]。

3. 把社會住宅政策結合國土規劃及住宅政策[28]。

4. 開徵「空屋稅」[29]。

5. 鼓勵「租」而不是鼓勵「買」[30]。

6. 政府與民間成為「夥伴關係」，建立空屋媒合平台[31]。

9/23，A5。

26　呂雪彗，2012，〈新任內政部長李鴻源：活化閒置空間 要把社會住宅 餅做大〉，《工商時報》，2/2，A5。

27　李順德，2012a，〈李鴻源：社會住宅不會續蓋〉，《聯合報》，2/9，A7。

28　王莫昀，2012a，〈李鴻源「新解」大臺北區 盼擴大至中壢以北 優惠通勤族房貸 擬再補貼捷運票價〉，《中國時報》，2/22，A8；何醒邦，2013，〈房價太高 李鴻源：國土規劃 人不必擠在臺北〉，《聯合報》，1/1，A2。

29　徐碧華，2012a，〈李鴻源 贊成開徵空屋稅〉，《經濟日報》，3/13，A4。

30　徐碧華，2012b，〈住宅政策轉彎 政府不再蓋房 財源短缺＋空屋率高 李鴻源：合宜、現代與社會宅新建全喊卡 將鼓勵租屋 補貼弱勢者〉，《經濟日報》，3/30，A2。

31　蘇秀慧，2012，〈雙北社會住宅 借鏡荷蘭經驗〉，《經濟日報》，7/23，C8；鄭宏斌，2012，〈李鴻源：社宅絕沒重北輕南〉，《聯合報》，9/23，A3；沈婉玉、洪正吉，2013，〈擬建立空屋媒合平台 李鴻源：推動社會住宅「蓋」是下策〉，《中國時報》，

7. 獎勵民間興建社會住宅，增加容積獎勵[32]。

發現活化閒置空間、結合國土規劃及住宅政策、增加容積獎勵、建立空屋媒合平台等思考，在當時已逐漸構思。

從官方資料發現，當時內政部協調財政部等部會及地方政府，盤點土地及人力資源，希望結合都市計畫和都市更新政策，研議容積獎勵等方式，協助地方政府強化興辦社會住宅能量，並計畫研修《住宅法》，以提高社會住宅應提供特殊情形或身分者之比例等[33]。

分析內政部相關重要構想與作為，主要包括：

1. 研擬《住宅法》三項子法，提出容積獎勵[34]。

2. 協助申購國有地，實質補貼方案和經營不善接管等誘因吸引民間共同參與興辦。檢討閒置國宅用地，興建公營出租住宅，將其中一成提供給中低收入等弱勢族群，做社會住宅使用[35]。

3. 研議將精華地段國小改建為社會住宅[36]。

12/31，A6。

32　李順德，2012b，〈113 公頃國宅地 部分擬建社會住宅 國宅條例年底廢止 內政部長李鴻源指示 評估以現有國宅地興建可能性 並協助地方活化閒置空間〉，《聯合報》，11/30，AA3；呂雪彗，2014b，〈內政部：調整容積策略 獎勵民間建社會宅〉，《工商時報》，5/2，A4。

33　內政部統計處編輯，2016，《中華民國 105 內政概要》，頁 3。

34　何醒邦、李順德，2012，〈住宅法上路 每人基本居住水準 3.96 坪 今起施行 貸款、租金補貼 將有法源依據 防止弱勢「籠民」現象 首定基本居住坪數〉，《聯合報》，12/30，A4。

35　王莫昀，2013b，〈6 千戶社會住宅 來了〉，《中國時報》，1/14，A1。

36　陳瑄喻，2013，〈另類都更 張金鶚：精華地閒置校地建社宅 共存取代消滅 都市發展不必犧牲歷史情感「住宅的樓下就是國小 可穩定新生來源」〉，《聯合報》，3/24，A5。

4. 推動政府與民間建商合作，容積轉移時，建商提供「１－２房小坪數」給政府做為社會住宅[37]。

5. 補助地方政府以調整容積等方式，讓社會住宅戶數提升[38]。

6. 公有財產都市更新後，政府獲分配所得建築物改作為社會住宅[39]。

7. 引導低度使用住宅釋放到租屋市場，減少興建社會住宅，增加住宅租金補貼戶數[40]。

8. 只租不售社會住宅構想[41]。

另社會住宅施政目標透過內政部統計處資料，分析如下。

1. 2013 年目標為「推動多元居住協助，持續推動只租不售的社會住宅、租金補貼、購置和修繕住宅貸款利息補貼及現有以興建中的合宜住宅，協助民眾覓得適居之住所」[42]。

37　王玉樹，2014，〈營建署將與建商合作推出 小坪數住宅 只租不售〉，《中國時報》，1/28，A6。

38　尹俞歡，2014a，〈內政部釋利多 十年內讓 10 萬人有房住〉，《經濟日報》，5/21，A4。

39　尹俞歡，2014b，〈營建署與民間聯盟達共識…… 公有都更建築做社會宅〉，《經濟日報》，5/15，A4；林安妮，2014a，〈總統要讓青年住得起臺灣 內政部：增加社會住宅〉，《經濟日報》，5/20，A3。

40　李順德，2014a，〈因地制宜 內政部長：社宅添設施、蓋更多 推動「只租不售」 政府增 32 處公有地興建 增添活動中心、托嬰等設備 9 年後達 3.4 萬戶……目前存量 5 倍〉，《聯合報》，10/3，A4。

41　李順德，2014b，〈租金補貼 明年增萬戶〉，《聯合報》，10/9，A12。

42　內政部統計處編輯，2014，《中華民國 103 內政概要》，〈前言〉。

2. 2014 年目標修正為「推動租金補貼、只租不售的社會住宅等多元居住協助措施」[43]，是為協調財政部將新房地產稅制增加之稅收，挹注至住宅基金，專款用於低收入戶之購屋利息或租金補貼。

3. 2015 年目標修正為「落實居住正義，推動不動產資訊透明」，分析其策略為推動「整合住宅補貼資源實施方案」[44]，提供租金補貼、購置住宅貸款利息補貼和修繕住宅貸款利息補貼。

4. 2016 年策略修正為「推動只租不售之社會住宅，補助地方政府運用國宅用地興辦社會住宅、辦理閒置校園或公有閒置建築物改建社會住宅及地方政府自辦社會住宅」[45]。

　　從這幾年的施政目標，可發現從最初的「推動多元居住協助，持續推動只租不售的社會住宅、租金補貼、購置和修繕住宅貸款利息補貼及現有已興建中的合宜住宅，協助民眾覓得適居之住所」，轉變增加了「補助地方政府運用國宅用地興辦社會住宅、辦理閒置校園或公有閒置建築物改建社會住宅及地方政府自辦社會住宅」，作法更為多元。

　　但雖然社會住宅施政目標根據現況修正，卻受限於現實環境，並無法解決巢運所提實質爭議的問題。

43　內政部統計處編輯，2015，《中華民國 103 內政概要》，〈前言〉。

44　內政部統計處編輯，2016，《中華民國 103 內政概要》，〈前言〉。

45　內政部，2016b，〈內政部 105 年度施政計畫〉。另黃麗玲提到當時內政部營建署宣布「青年生活住宅政策」，鎖定桃園機場捷運、高雄市捷運及其他縣市主要道路快速高架道路沿線國有地，至少興建 20,000 戶「青年生活住宅」，以設定地上權的方式開發。資料來源：黃麗玲，2016，〈第十三章 土地與住宅：住宅做為商品或社會人權〉，頁 404。

伍、業者對政策的態度

此階段業者表態贊同政府廣建「只租不售社會住宅」，但建議政府應提高行政效率，例如壽險公司對證券化投資意願最高，其次為 PFI（民間融資提案），最後為 BOT 模式[46]。也有業者提到應比照 2002 年「工業區土地租金優惠調整措施」，透過租金抵價金方式，讓承租社會住宅的年輕人有機會購買社會住宅，認為廣建社會住宅可創造區域發展紅利[47]。

陸、小結

中央政府對社會住宅政策思考有不同層面，當時面對社會住宅政策的問題，第一是土地，第二是資金，所以希望透過獎勵民間興建方式來取得社會住宅，但成效不彰。

此外，財政部在社會住宅政策初期占重要的關鍵地位，協助方式是透過國有地解禁、租稅優惠、公有地無償撥用、都市計畫變更程序、提供社會住宅融資、房地合一課稅收入，以及撥出部分給住宅基金等方式，來增加財源。

內政部作為中央主管機關，很重要的是社會住宅政策結合國土規劃及住宅政策的思維，希望建立空屋媒合平台，內政部營建署則提出許多相關構想。

至於此時期立法院主要通過《都市計畫法》修正草案，將「社會福利設施」列為都市計畫之公共設施，讓社會住

46　彭禎伶，2014，〈投資社會住宅 壽險最愛證券化 不必經營最受歡迎，其次是民間融資提案，最後才是 BOT 模式〉，《工商時報》，7/1，A13。

47　林上祚，2015，〈林伯豐挺青年住宅「租金抵房價」工商協進會理事長建議比照工業區「006688」精神 先租後買 讓青年買得起房 化解世代對立〉，《聯合報》，3/18，AA2。

宅的社會福利服務之必要附屬設施與都市計畫能夠配套。

　　此階段社會住宅施政目標不斷根據現況修正，作法更為多元。當時執行社會住宅中長期推動方案，期程為 2014 年至 2023 年，興辦主體為各地方政府，由內政部優先補助各地方政府辦理，但受限於現實，此階段實際執行效果仍有限。

第二節　臺北市、新北市、桃園市及臺中市政府社會住宅政策之執行

　　最初民間團體並不信任中央政府及地方政府會認真推動社會住宅，後因發生桃園八德合宜住宅標案之弊案，中央政府方承諾不再推動合宜住宅，社會住宅推動聯盟呼籲政府應該檢討政策，內政部則定調推動多元住宅政策、持續落實居住正義之目標、主軸不會改變，並將透過社會住宅、租金補貼、貸款利息補貼和合宜住宅等各種方式落實，地方政府逐步增加對社會住宅的關注，這些影響到直轄市政府對於社會住宅政策的執行。

壹、臺北市公共住宅政策之執行

　　這個階段主要計畫，包括：

　　1. 合作成立「公營物業管理公司」[48]。

　　2. 找尋優秀的建築師設計，取得建築標章[49]。

48　王莫昀，2012b，〈雙北共管社會住宅 強制遷惡鄰 臺北市邀營建署、國產局與新北市府 成立物業管理公司 負責清潔、保全等業務 5 處 1661 戶希望年底能發包開工〉，《中國時報》，3/16，A10。
49　邱瓊玉，2012c，〈萬華公營住宅 花博建築師操刀〉，《聯合報》，10/14，B1。

3. 擬定社會住宅出租辦法[50]。

4. 出租國宅社區改建為公營住宅[51]。

5. 讓「公營住宅」發揮「社會住宅」功能，規畫「多元服務家庭」[52]。

6. 行政院將舊陸軍兵工署臺北保修廠基地有償撥用給臺北市政府，作為社會住宅、青年公共住宅、智慧社區等用途[53]。

7. 借鏡韓國，將租金制度依收入高低劃分社會住宅級距，並考量薪貧族租屋需求[54]。

但是此階段許多社會住宅基地周邊市民反對興建，並產生對立，例如：

1. 臺北市政府修正「臺北市社會住宅出租辦法」，要求將承租國宅之拆遷安置戶資格改為一般安置戶，原登記戶長過世後，配偶只能續住至原租約期滿為止，2014 年 3 月導致華昌國宅有原安置戶高齡配偶被迫遷出，引發反彈[55]。

50　邱瓊玉，2013，〈家戶年所得低於 148 萬 社宅出租擬定 最長 12 年〉，《聯合報》，1/19，B1。

51　袁延壽，2014，〈新北市開先例 區段徵收抵費地 蓋社會住宅〉，《工商時報》，3/19，B1。

52　邱瓊玉，2014，〈興隆公營宅 最快明年入住 第 2 區特別規畫 44 戶 服務身障、經濟弱勢家庭 106 年完工〉，《聯合報》，9/15，B1。

53　李昭安，2015，〈政院有償撥用 陸保廠將蓋公宅 A1、A2 北市府 將花 54 億買斷 A3~A5 教部建青年創意生活城〉，《聯合報》，5/28，A2。

54　邱奕寧，2015，〈新規定自下月招租的興隆一期開始 北市社宅租金 擬依收入分 3 級 借鏡韓國作法 調整為每 3 年 1 期 取消「一口價」讓真弱勢租得起〉，《聯合報》，7/29，B1。

55　周志豪，2014，〈社會宅出租新法「收入標準太僵硬」〉，《聯

2. 2014 年底柯文哲選上臺北市長，上任後宣布將在 4 年內完成 2 萬戶，8 年完成 5 萬戶的公共住宅。當時提議將捷運共構開發的美河市社區作為社會住宅，引發部分住戶反彈，被痛批政策內容輕率與隨便，放任現有住戶與社會住宅居民對立[56]。

在 2015 年 9 月，臺北市政府公布 45 處基地，共有 21,250 戶公共住宅計畫（當時臺北市將「社會住宅」稱為「公共住宅」），戶數最多為信義區，計有 6,600 戶。臺北市副市長提到 20,000 多戶投資金額高達 1,277 億，其中土地取得成本為 305 億，市府希望未來中央政府能夠無償撥用土地，節省土地成本，而未來公共住宅租金將按照家庭年收入，給予不同租金補助。

貳、新北市社會住宅政策之執行

新北市政府社會住宅政策執行面臨建商意願低落及議會質疑問題。例如：

1. 2012 年 7 月新北市政府研議要興建三處「青年社會住宅」，但卻因獲利太低，而工程流標[57]。

2. 2013 年 3 月新北市議會將中央補助的 6 億餘元購地款刪除，城鄉局長張璠表示會與市議會溝通，希望順利推動社會住宅計畫幫助弱勢[58]，但被市議員質疑

合報》，5/19，B1。

56　王柔婷，2015，〈柯Ｐ拋美河市社宅 住戶問合法嗎 北市擁有Ａ、Ｄ棟 擬做社宅、住辦合一 跨區事務片面決定 引發反彈 管委會要「求見」雙北市長協商〉，《聯合報》（地方版），3/3，B1。

57　林思宇，2012，〈新北青年住宅 7 成原價出租 補貼租金〉，《聯合報》，7/27，A18。

58　何祥裕，2013，〈6 億購地款被刪 新北社會住宅受挫〉，《聯合報》（地方版），3/15，B1。

失去補貼弱勢美意，甚至有圖利建商嫌疑[59]。

3. 2015 年 3 月臺北市釋出捷運聯合開發宅作為新北市的社會住宅，產生「階級門」、「蓋牆隔離」等爭議，首要原因是「不願與弱勢混居」[60]。

為順利推動，新北市政府主要構想與作法包括：

1. 要求社會住宅取得黃金級綠建築標章[61]。

2. 考量利用區段徵收政府分配到之土地興建社會住宅[62]。

3. 討論社會住宅公共設施定義[63]。

4. 採用民間開發捐贈、公有建築或房舍整建、獎勵民間興辦和公有地合作開發等方式，加速社會住宅興建[64]。

5. 透過社會住宅參與「居住空間通用化標章」候選[65]。

59　祁容玉，2013，〈議員質疑圖利廠商　BOT 社會住宅　僅 2 成租金 8 折〉，《聯合報》（地方版），11/6，B1。

60　祁容玉，2015a，〈不與弱勢混居 3 成 8 不願租社宅 新北去年委外民調 20 到 45 歲青年仍有刻板印象 近半受訪者不清楚社宅 城鄉局：混居政策不變，會加強溝通〉，《聯合報》（地方版），3/13，B1。

61　陳美玲、吳泓勳，2013，〈日勝生規劃 投入 44 億元 打造黃金級綠建築 中和青年宅 2016 年完工〉，《經濟日報》，12/4，A4。

62　陳珮琦，2014，〈朱立倫：區段徵收可售地 蓋社會住宅 新北拼居住正義「不讓新開發區變新豪宅區」〉，《聯合晚報》，3/18，A4。

63　祁容玉，2014a，〈鼓勵民間建公設 修法通過〉，《聯合報》（地方版），6/4，B1。

64　吳佳蓉，2014，〈加速供給 多管齊下找地〉，《經濟日報》，9/8，A14。

65　祁容玉，2014b，〈秀朗青年社宅通用 3 社宅跟進 獲全國首張通用化標章候選證書 中和、三重社宅也變更設計 比無障礙空間更有彈性 適合各年齡層〉，《聯合報》（地方版），9/14，B2。

6. 民間興建社會住宅提供 20％的容積獎勵，計畫每年超過 1 萬戶的租屋租金補貼[66]。

7. 透過「繁星計畫」的都市整體開發計畫，提供部分土地做為社會住宅用地[67]。

8. 考量籌組首創的社會住宅行政法人「新北市居住服務中心」[68]。

9. 參與國家卓越建設獎及中華建築金石獎，以增進社會住宅的建築品質[69]。

10. 鼓勵建商興建社會住宅，捐出給市府，可獎勵建案容積率[70]。

參、桃園市社會住宅政策之執行

主要提出成立社會住宅基金，成立「住宅發展處」專責興建[71]，希望以「社會住宅」、「租金補貼」及「累進稅率」三個目標實現居住正義[72]。並通過「獎勵民間興辦社會住宅

66　林金池，2014，〈新北 2 成容積獎勵 盼青年宅遍地開花〉，《中國時報》，7/22，A10；魏莨伊，2015，〈都更容獎逾 30％ 超出須捐公益〉，《聯合報》（地方版），2/17，B1。

67　袁延壽，2015a，〈新北 3 年建 1,600 戶社會住宅〉，《工商時報》，3/11，A21。

68　陳珮琦，2015a，〈朱立倫：社會宅非比賽喊量〉，《聯合晚報》，9/1，A9。

69　陳珮琦，2015b，〈新北青年宅獲建築奧斯卡獎〉，《聯合晚報》，10/6，A11。

70　祁容玉，2015b，〈捐社會宅換容積 新北首例〉，《聯合報》，6/18，A10。

71　龍益雲，2015，〈房市利多 大溪埔頂營區 釋出活化 未來擬設置 2.5 公頃客運轉運站，並提供社會住宅及公園等大型公共設施〉，《工商時報》，8/27，A19。

72　潘姿羽，2015，〈營建署：五都 12 處蓋社會宅〉，《經濟日報》，7/18，B2。

減徵地價稅條例」，建商投資興建社會住宅，可減地價稅
30％作為獎勵[73]。

肆、臺中市社會住宅政策之執行

　　規劃社會住宅受到市民抵制，議會也要求市府加強溝
通。例如：2015 年 11 月臺中市政府在西屯區惠來段規劃
社會住宅，當地里長發起連署，要求限制愛滋病患、街友
等入住；民進黨議員張廖萬堅在議會質詢，要求市府加強
溝通，不要讓興建社會住宅的美意，反而造成歧視誤會[74]。

伍、小結

　　此階段地方政府的執行，主要透過成立「公營物業管理
公司」，找優秀的建築師設計，取得建築標章，擬定社會
住宅出租辦法，出租國宅社區改建為公共住宅，利用區段
徵收用地之政府分配到的土地興建社會住宅等方式進行。

　　需特別注意的是開始討論公共設施應納入社會住宅，並
採多元供給模式做為住宅政策主軸，但是此階段有許多社
會住宅周邊的市民反對及抵制。

第三節　社會住宅政策作為臺北市、新北市、桃園市、臺中市之市長選舉議題

壹、臺北市長選舉

　　當時各政黨候選人提出各種不同的口號，例如柯文哲口

73　鄭國樑，2015，〈社宅有譜 砸 35 億籌建 3500 戶〉，《聯合報》（地
　　方版），10/10，B2。
74　蘇木春、洪敬浤，2015，〈西屯將蓋社會住宅 居民反對〉，《聯
　　合報》（地方版），11/14，B2。

號為「蓋公共住宅，讓青年住得起」，沈富雄口號為「補貼無殼蝸牛建社會住宅」，連勝文口號為「調高房屋稅，用於住宅補貼」[75]，馮光遠口號為「以租代建，代租代管」[76]。

可發現議題重點放在青年的需求、住宅補貼及以租代建等思維，這些落實到之後的包租代管，重視青年的社會住宅居住需求及相關的社區營造思維。

貳、新北市長選舉

不同的政黨市長候選人提出不同論述，但出現因社會住宅議題相互攻訐及受到不同黨團的杯葛。例如：

1. 市長參選人游錫堃主張籌措 1 千億元基金，當選後 4 年內興建 5 萬戶只租不售公有住宅[77]。

2. 新北市長朱立倫主持市政會議，重砲回擊綠營近期對市政的批評，強調從沒講過新北市要蓋 18 萬多戶的社會住宅[78]。

3. 社會住宅推動聯盟召集人彭揚凱批評國民黨執政的新北市政府推動社會住宅不積極[79]。

---

75 鄭宏斌、林河名，2014，〈本報民調 房價物價 北市民最關心 柯文哲：蓋公共住宅 讓青年住得起 沈富雄：補貼無殼蝸牛 建社會住宅 連勝文：調高房屋稅 用於住宅補貼〉，《聯合報》，6/14，A2。

76 吳思萍，2014，〈選閒短波 獄中馮光遠 提以租代建〉，《聯合報》，10/9，B1。

77 賈寶楠，2014，〈千億蓋公宅 游辦：可設行政法人〉，《聯合報》（地方版），7/23，B1。

78 祁容玉、陳雨鑫，2014，〈重砲回擊綠營「惡意扭曲、張冠李戴、斷章取義」朱立倫：從沒講要蓋 18 萬戶社宅 游錫堃的確說過 朱應為政策跳票道歉〉，《聯合報》（地方版），8/20，B1。

79 劉俐珊，2014，〈五力指標 購屋苦 教育力也欠佳 交通表現亮眼〉，《聯合報》，8/26，A4。

參、桃園市長選舉

市長候選人鄭文燦提出如果無法興建社會住宅，當選後不會同意航空城計畫[80]。藍綠政黨候選人相互攻訐彼此提出的社會住宅政策不可行，包括：

1. 吳志揚批評鄭文燦的「多元化社會住宅方案」缺乏數據研究，根本不可行；鄭文燦則反批吳志揚所推出之福利宅「只是一張粗糙的選舉支票」[81]。

2. 吳志揚宣布「1515 照顧您」住宅計畫，提出 10 年內興建至少 1 萬戶社會住宅的住宅政策[82]；鄭文燦提出「Lucky7」社會福利政見，包括「4 年 2 萬戶社會住宅」政見[83]。

肆、臺中市長選舉

引發藍綠陣營針對社會住宅議題相互攻訐的大戰，例如民進黨市長候選人林佳龍拋出當選要蓋 1 萬戶社會住宅政見，讓勞工、青年安心居住及就業，並且優先使用抵費地，興建社會住宅[84]；國民黨胡志強強調自己住宅政策「租加

80　游文寶，2015，〈落實居住正義 鄭文燦：航空城內必蓋社會住宅〉，《聯合報》（地方版），2/4，B1。

81　游文寶，2014，〈針對住宅政策 吳志揚、鄭文燦「槓上」 吳志揚批鄭的「多元化社會住宅方案」根本不可行；鄭文燦反批吳的福利宅「只是張粗糙的選舉支票」〉，《聯合報》（地方版），7/22，B1。

82　王志煌，2014，〈吳志揚力推 桃園1515住宅計畫 1萬戶以上社會住宅 5千戶租金補貼 15億元住宅基金提撥〉，《工商時報》，7/22，A6。

83　顏彙燕，2014，〈端政見牛肉 鄭文燦推社福 Lucky7 鄭文燦：每胎生育3萬元補助；3歲以下育兒津貼每月3千；建造社會住宅照顧青年、勞工及弱勢家庭〉，《聯合報》（地方版），8/29，B1。

84　張明慧、喻文玟，2015，〈新ＣＦ出爐 林佳龍推萬戶社宅〉，《聯

蓋」可超過 1 萬 5 千戶，雙方互別苗頭[85]。

第四節　社會住宅政策作為第十四屆總統大選之選舉議題分析

社會住宅政策成為第十四屆總統大選之選舉議題。就民進黨、國民黨、學者及社會住宅推動聯盟之主要觀點分析如下。

1. 民進黨：主席及總統候選人蔡英文宣示 8 年內興建 20 萬戶只租不賣的社會住宅[86]，提出長照政策 2.0、社會住宅等政策，掀起藍綠激烈攻防[87]。2015 年 10 月 1 日蔡英文發布住宅及不動產政策，包括「居住政策」、「房市治理政策」與「房市產業政策」三大方向，防止社會住宅功能被扭曲，20 萬戶社會住宅取得方式，包括：60％到 70％新建、20％至 30％透過容積獎勵、10％至 20％包租代管，另外包租代管規畫配套誘因[88]。

2. 國民黨：總統候選人朱立倫認為民眾如果能接受地上權方式，推動公共住宅會比較容易[89]。他提到社會

合報》（地方版），6/21，B1。

85 張明慧，2014，〈社會住宅政策 強龍比賽蓋屋 林：當選就蓋 1 萬戶 胡：租加蓋 1.5 萬戶 議員批胡 13 年蓋不出還加碼 官員則指不查證就亂批 淪選舉口水〉，《聯合報》（地方版），10/4，B2。

86 林敬殷，2015，〈蔡推社福政策 8 年建 20 萬社會宅〉，《聯合晚報》，8/30，A2。

87 楊毅，2015，〈不是「喊量」比賽 長照、社會宅政策 朱籲公開辯論〉，《中國時報》，9/3，A3。

88 管婺媛，2015，〈小英推不動產政策 社會宅包租代管 享自用稅率〉，《中國時報》，10/1，A4。

89 王長鼎，2015，〈朱立倫：若接受地上權 推公宅較易〉，《聯合報》，9/25，B1。

住宅政策不是在比賽「喊量」，應有合理的規劃和
配置，是住宅政策的手段，不是目的[90]。他並提倡以
租屋取代購屋，提供租稅誘因，讓既有空屋以合理
價格釋出或出租為社會住宅，並且讓年輕人「住者
有其居」[91]。

3. 學者：張金鶚認為「社會住宅不是萬靈丹」，不是
蓋社會住宅，就能完整解決整體住宅問題，總統的
格局應更全面，「不是喊一喊數量就好」[92]。

4. 社會住宅推動聯盟：呂秉怡提出應利用現有租屋市
場搭配政府租金補貼，以解決租屋需求的意見[93]。

　　最後蔡英文順利當選總統。在 2016 年 5 月 20 日政權
交接時，新政府表示將提出社會住宅計畫，預計 8 年內投
入 4,000 億元，興建 20 萬戶社會住宅，透過成立專門的自
償性基金來進行[94]。但仍有業者認為新政府與其投入 4,000
億元政府預算新建 20 萬戶社會住宅，還不如先推動「3366」
制的中繼宅[95]。

90　陳珮琦，2015a，〈朱立倫：社會宅非比賽喊量〉，《聯合晚報》，
　　9/1，A9。

91　袁延壽，2015b，〈談房市 朱立倫：政府應退居二線〉，《工商
　　時報》，11/9，A2。

92　沈婉玉、余佳穎、邱莞仁，2015，〈蔡英文拋 8 年蓋 20 萬戶社宅
　　社宅非萬靈丹 張金鶚批格局小 看看柯文哲例子 建築師轟空話〉，
　　《聯合報》，8/31，A4。

93　呂秉怡、黃永達，2015，〈殘破租屋市場 難扛居住正義〉，《聯
　　合報》，9/7，A14。

94　朱漢崙，2016，〈民進黨推 4,000 億社宅，《中國時報》，4/7，
　　A1；陳芃、林金池、甘嘉雯，2016，〈社宅執行力比一比 桃園最
　　給力 北市還在喬〉，《中國時報》，4/7，A3。

95　蔡惠芳，2016，〈建商回應 不必蓋到 20 萬戶〉，《工商時報》，
　　4/7，A2。

第五節　民間團體對社會住宅政策執行不力之抗議與另類觀點

壹、社會住宅推動聯盟

一、對社會住宅政策的批評與觀點

社會住宅推動聯盟提出了許多批評，例如：

1. 對新北市政府抗議以 BOT 推動三處社宅，高達 7 成房屋將依市價出租，是拿公有地圖利財團的「山寨版社會住宅」[96]。

2. 批評政府社會住宅推動進度過慢[97]。

3. 批評「社會住宅中長期推動方案」草案嚴重低估弱勢者需求，未納入民間參與，過程草率[98]。

4. 認為中央政府「只出一張嘴」，地方政府缺錢，社會住宅政策推不動，如不徹底檢討，仍然是騙選票的「吹牛政策」[99]。

社會住宅推動聯盟提出的觀點包括：

1. 速建社會住宅、減稅鼓勵房東[100]。

2. 保留一定名額，鼓勵有托兒、藝術、電器維修專長

96　黃福其，2012，〈住盟抗議 BOT 社宅圖利財團 市價租社會住宅 市府補貼〉，《聯合報》（地方版），8/28，B1。

97　徐筱嵐，2012，〈社會住宅聯盟：實價登錄是空包彈〉，《經濟日報》，9/21，A4。

98　黃驛淵，2013，〈社宅 10 年計畫 民間批「低估需求」〉，《聯合報》，12/4，AA1。

99　沈婉玉，2014，〈搶救社宅政策 土地財源雙管齊下 社宅聯盟建議政府國有地免費提供建社宅 國有地活化案要蓋\一定比例社宅 不動產稅改 稅收挹助政府住宅基金〉，《聯合報》，5/12，A4。

100　游智文，2012，〈崔媽媽疾呼：速建社會住宅、減稅鼓勵房東〉，《聯合晚報》，5/15，A5。

入住，改建應多樣化融入當地特色 [101]。

3. 將保障弱勢比例從 10%提高到 30% [102]。

4. 借鏡韓國的成功經驗，出資成立公法人 [103]。

5. 別讓獨居老人在租屋市場任人宰割 [104]。

二、巢運的訴求

2014 年 8 月民間團體發動「巢運」，號召群眾夜宿臺北市仁愛路帝寶大樓前面，批評內政部營建署已淪為財團建商炒房的代言人，建議將「營建署」招牌改為「建商署」[105]，並批評政府推動社會住宅，應擺脫對「對象」、「租金」和「財務」等盲點，才能真正解決困難 [106]。

巢運提出五大訴求（圖 3－1），包括：

1. 居住權。

2. 房屋稅制。

3. 社會住宅。

101　邱瓊玉，2012a，〈有專長願回饋 安康公宅歡迎來住 OURS 及社宅聯盟討論 希望保留名額給專業人士 改建應多樣化 融入當地特色 發展局：納入考慮〉，《聯合報》，7/26，B1。

102　徐子晴，2013，〈社宅保障弱勢 爭取提高至30%〉，《聯合報》，1/15，A8。

103　沈婉玉，2014，〈搶救社宅政策 土地財源雙管齊下 社宅聯盟建議 政府國有地免費提供建社宅 國有地活化案要蓋\一定比例社宅 不動產稅改 稅收挹助政府住宅基金〉，《聯合報》，5/12，A4。

104　董俞佳，2014，〈崔媽媽呼籲政府 規畫社會住宅〉，《聯合報》，8/11，A10。

105　游智文，2014a，〈巢運：營建署淪炒房代言人〉，《聯合晚報》，9/4，A11。

106　沈婉玉，2015，〈巢運：社宅要擺脫對象、租金、財務盲點〉，《聯合報》，10/5，A5。

4. 公地法令。

5. 租賃市場。

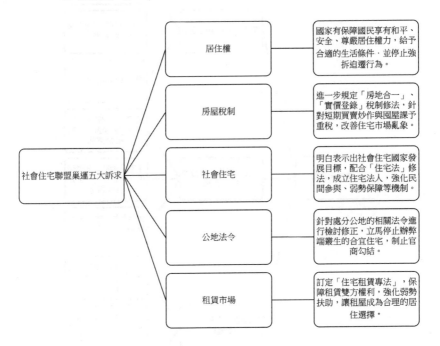

圖 3－1：社會住宅推動聯盟巢運五大訴求，2014

資料來源：社會住宅推動聯盟，2016，《社會住宅手
冊：居住 NEXT—社會住宅》。本研究整理。

　　分析主要目標為提高社會住宅數量、強化弱勢家戶資源
補助和保障及打造健全公平住宅市場機制（圖3－2）。在
「社會住宅」訴求中，特別強調社會住宅應配合《住宅法》
修法，成立住宅法人，強化民間參與及弱勢保障等機制。
在「提高臺灣社會住宅量」的部分，包括政府直接興辦、
鼓勵民間第三部門參與興辦及積極運用民間空餘屋，並訴
求政府應廢除合宜住宅政策。

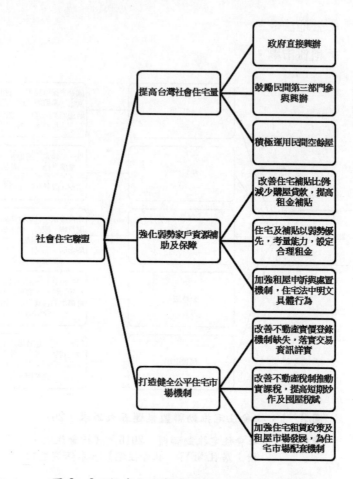

圖 3-2：社會住宅推動聯盟主要目標，2014

資料來源：社會住宅推動聯盟，2016，《社會住
　　　　　宅手冊：居住 NEXT—社會住宅》。
　　　　　本研究整理。

　　2014 年 10 月內政部長陳威仁回應巢運訴求，表示將
修訂《住宅法》之「社會住宅」專章，建立住宅法人制度，
研擬住宅租賃專法，保障租賃雙方權益，調整住宅供需體

系，改善居住環境；財政部則表示會提供 32 處公有地給地
方政府，評估興建的可能性 [107]。民進黨也表示將修訂《住宅
法》之「社會住宅」專章 [108]。

貳、伊甸社會福利基金會

　　伊甸社會福利基金會與臺南市政府在 2012 年合作推出
「另類社會住宅」大林雙福園區，作為照顧身障弱勢者之
用 [109]，該園區主要提供中重度身障、中低收入戶、行動不便
之獨居長者及高風險者等弱勢者 [110]。除了是該基金會首座
集中型友善家園住宅，也是全國首例民間團體興辦、經營
的另類社會住宅。國宅社區本身就設有托兒所、郵局、管

107　李順德，2014a，〈因地制宜 內政部長：社宅添設施、蓋更多 推
　　　動「只租不售」 政府增 32 處公有地興建 增添活動中心、托嬰
　　　等設備 9 年後達 3.4 萬戶……目前存量 5 倍〉，《聯合報》，
　　　10/3，A4；吳泓勳、洪凱音，2014，〈房地合一稅 2 成當社宅
　　　基金「蝸牛神」再度出巡 巢運號召周六夜宿帝寶 訴求人人有
　　　房〉，《中國時報》，10/2，AA1；陳light榕、孫偉倫，2014，〈內
　　　政部回應巢運訴求 租屋補貼 明年增 1 萬戶〉，《經濟日報》，
　　　10/4，A4；管婺媛、吳泓勳，2014，〈財部釋32地築巢 多在南部〉，
　　　《中國時報》，10/6，A7。

108　崔慈悌，2014，〈回應巢運民進黨：加速提升社宅存量〉，《工
　　　商時報》，10/5，A2。

109　李順德，2011b，〈照顧身障 臺南推另類社會住宅 營建署出租國
　　　宅到期 臺南市政府建議 用公告價賣給伊甸基金會 再租給身障人
　　　士 江宜樺：專案處理〉，《聯合報》，10/12，A6。大林國宅位
　　　於臺南市南區新生里，原為老舊眷村，在 1999 年改建為 2,000 戶
　　　的國民住宅，當時是臺南市政府替伊甸社會福利基金會向內政部
　　　爭取，希望由伊甸社會福利基金會以低價、合理的價格承購大林
　　　國宅，再由伊甸租給身障人士。資料來源：黃宣翰，2011，〈伊
　　　甸買大林國宅 賴清德看好〉，《聯合報》（地方版），10/13，
　　　B2。

110　邱瓊玉，2012b，〈首棟民間社會住宅 將落腳臺南 伊甸打造 明
　　　年招租 36 戶專供弱勢族群 3 種房型租金 7200~8000 元 刺激政府
　　　思考社宅可行性〉，《聯合報》（地方版），9/23，A3。

理室、文康中心，也有鄰近的商店及醫院。

在生活服務上，以弱勢優先，租期 1 年，最多 4 年。特色包括：1.服務的對象包括 65 歲以上高齡者、特殊境遇、經濟弱勢家庭、40 歲以下有子女之青年家庭。2.樓層修繕規劃：（1）1 樓：為各業務服務中心，服務內容作為一般福利服務諮詢。（2）2 樓：示範住宅，兼作自立生活訓練使用，示範屋的內容包括友善家園（無障礙住宅）、安居家園（老人住宅）、樂業家園（一般住宅）。（3）3 到 11 樓：出租住宅（混居住宅模式），室內每戶坪數為 24－26 坪（3 房 1.5 衛浴 2 廳），加上公共設施，有 40 坪左右。

特色包括通用住宅概念、用混居替代單一對象、社群互助、善用民間彈性優勢、社福服務社區化及讓公共空間設計成為服務的助力等[111]。對於入住的居民，有助於未來有能力自購屋修繕之概念，也有助於推廣無障礙化的社會住宅發展。

第六節　小結

壹、政治過程

中央政府對社會住宅施政目標根據現況修正，但並無法解決問題，此階段主要由臺北市、新北市及桃園市政府在推動，但社會住宅推動聯盟並不信任中央及地方政府會認真推動社會住宅。因發生桃園八德合宜住宅標案弊案，該聯盟及學者呼籲政府應檢討當時政策，所以行政院承諾不再推動任何形式合宜住宅，地方政府方逐步增加對社會住宅的關注，內政部並定調未來推動多元住宅政策，透過社

111　張盟宜，2017，〈伊甸基金會社會住宅居住服務的前瞻：臺南大林雙福園區經驗分享〉，頁 48-54。

會住宅、租金補貼及貸款利息補貼等方式落實。社會住宅推動聯盟在巢運中提出五大訴求，對於社會住宅政策制定造成很多影響。直轄市長選舉社會住宅政策議題成為選戰焦點，各政黨相互攻訐彼此社會住宅政策不可行。

　　此階段社會住宅政策為嘗試階段，遇到許多阻礙，除了社會住宅數量無法滿足需求，也包括該政策的南北失衡、弱勢居住需求差異未被完善考量、社會住宅混居問題及標籤化爭議等，認為需要重新檢討。

貳、經濟合理化過程

　　此階段社會住宅執行是行政院逼降房價問題的工具之一，中央政府面對社會住宅興建的土地及資金問題，財政部初期占重要關鍵地位，並認為長期需要透過獎勵民間興建方式取得社會住宅。中央政府政策考量包括國有地解禁、租稅優惠、公有地無償撥用、都市計畫變更程序、提供社會住宅融資、房地合一課稅收入、住宅基金作為租金補貼及興建社會住宅之財源等。內政部定調未來推動多元住宅政策，將透過社會住宅、租金補貼和貸款利息補貼等方式落實。地方政府社會住宅政策執行上，提出成立社會住宅基金，利用政府分配到的徵收用地興建社會住宅，或透過民間開發捐贈、公有建築及房舍整建、獎勵民間興辦和公有地合作開發等方式。

參、偏差與偏差動員

　　此階段社會住宅政策偏差的行為者主要包括總統、總統候選人、政黨（國民黨、民進黨）、市長選舉候選人、中央政府（行政院、立法院、財政部、內政部）、臺北市政府、新北市政府、桃園市政府、臺中市政府、社會住宅推動聯

盟、學者、民間建築業者、周邊相關居民及社會住宅入住者等。

　　偏差動員形成主要包括將社會住宅作為逼降房價問題的工具之一、中央政府擬定社會住宅政策、合宜住宅政策因弊案停止執行、社會住宅推動聯盟發動巢運抗議、六都選舉效應、第十四屆總統大選社會住宅政策辯論等。

　　偏差動員運作包括行政院核定「社會住宅中長期推動方案」及再次核定「整體住宅政策」、社會住宅列入公共投資範圍、財政部公有地無償撥用、內政部研擬《住宅法》子法、「社會福利設施」列為都市計畫之公共設施、地方政府擬定社會住宅相關執行法令等。（表3－1）

表3－1：臺灣社會住宅政策偏差與偏差動員，2012－2015

項目		內容
偏差	行為者	1. 馬英九總統。 2. 第十四屆總統候選人蔡英文。 3. 政黨（國民黨、民進黨）。 4. 臺北市市長選舉候選人（柯文哲、連勝文）、新北市市長選舉候選人（朱立倫、游錫堃）、桃園市市長選舉候選人（吳志揚、鄭文燦）、臺中市市長選舉候選人（林佳龍、胡志強）。 5. 中央政府（行政院、立法院、財政部、內政部）。 6. 臺北市政府、新北市政府、桃園市政府、臺中市政府。 7. 社會住宅推動聯盟、伊甸社會福利基金會。 8. 學者。 9. 民間建築業者。 10. 周邊相關居民。 11. 社會住宅入住者。

偏差動員	形成	1. 將社會住宅作為逼降房價問題的工具之一。 2. 中央擬定社會住宅政策，地方政府執行，獎勵民間興建。 3. 合宜住宅政策因弊案停止執行，社會住宅取代。 4. 社會住宅推動聯盟抗議社會住宅政策內容。 5. 六都選舉效應。 6. 第十四屆總統大選社會住宅政策辯論「8 年內投入 4,000 億元，興建 20 萬戶社會住宅」。 7. 向國外社會住宅政策及案例經驗取經。 8. 要求社會住宅建案符合建築標章規定。
	運作	1. 中央政府 （1）行政院核定「社會住宅中長期推動方案」及再次核定「整體住宅政策」。 （2）將社會住宅列入公共投資範圍，納入《促進民間參與公共建設法》之「法定公共建設範圍」。 （3）行政院金管會修改《保險資金運用管理辦法》，社會住宅及老人住宅列入公共投資範圍。 （4）財政部公有地無償撥用，配合都市計畫變更程序及補貼財源。 （5）內政部研擬《住宅法》子法。 （6）內政部擬訂社會住宅政策施政目標。 （7）立法院通過《都市計畫法》修正草案，將「社會福利設施」列為都市計畫之公共設施。 2. 地方政府：擬定社會住宅出租辦法等。
	變遷	1. 中央政府研擬政策方案及研訂《住宅法》子法，活化閒置空間作為社會住宅基地、增加興建社會住宅容積獎勵、建立空屋媒合平台、研擬公有地無償撥用興建社會住宅，將社會福利設施列為都市計畫之公共設施等。 2. 直轄市政府要求社會住宅取得建築標章、出租國宅社區改建為公營住宅、租金制度依收入高低劃分級距等。 3. 社會住宅政策受到民眾質疑與抗議。 4. 社會住宅推動聯盟發動巢運。 5. 伊甸文教基金會與台南市政府合作，推出「另類社會住宅」大林雙福園區。

	6. 學者對社會住宅政策抱持正面及反對意見。 7. 五都直轄市市長對選舉社會住宅政策議題激烈辯論。 8. 第十四屆總統選舉納入社會住宅政策議題。 9. 業者較多表態贊同社會住宅政策。

資料來源：本研究整理。

第四章　社會住宅政策轉變與更新，2016－2020

在第十四屆總統大選後，為落實蔡英文總統對社會住宅政策的競選政見，社會住宅政策在中央政府及地方政府出現轉變與更新，本章從中央政府社會住宅政策執行、《住宅法》修訂及推動、社會住宅推動聯盟訴求、地方政府社會住宅政策執行及選舉議題進行分析。

第一節　中央政府對社會住宅政策之執行

壹、行政院

此階段行政院考量以「大水庫、資金池」融資方式作為興建社會住宅的財源，並有由中央政府與地方政府合作無償提供土地的想法。為落實蔡英文總統競選政見，行政院提出社會住宅配套法案、修正《住宅法》、核定啟動社會住宅融資服務平台、完成國家住宅及都更中心設置條例、提供社會住宅優惠方案及核定「住宅計畫及財務計畫（108年至111年）」。摘錄重點如下。

2016 年 4 月準行政院長林全考量將以「大水庫、資金

池」的融資方式作為興建社會住宅的財源，第一個 4 年預計向銀行團融資 1,500 億低利貸款，以作為興建社會住宅的財源[1]。在 106 年度中央政府總預算新增預算逾 900 億元，其中包括社會住宅等新增費用[2]。

2016 年 5 月行政院與六都召開社會住宅會議，明確釋出將由中央與地方政府合作「無償提供土地」之想法，國防部、台鐵、台糖等國營事業被鎖定為釋出土地的首要單位[3]。

2016 年 6 月至 12 月行政院擬提出 20 多項優先法案，包括社會住宅等配套法案。兼任民進黨主席的蔡英文總統提到「社宅關係執政成敗」，為了落實「8 年興建 20 萬戶社會住宅」競選政見，在民進黨中常會下達指令，要求中央與地方通力合作，加速進行社會住宅所需土地、資金與制度調整[4]。當時行政院邀集內政部長葉俊榮、國防部長馮世寬、內政部次長花敬群、工程會主委吳宏謀、財政部長許虞哲討論社會住宅議題，盤點六都所提的社會住宅用地，以國防部產權居多。內政部表示為突破法令限制，將翻修《住宅法》，以達「8 年興建 20 萬戶社會住宅」目標[5]。行

1　李順德，2016a，〈新政府建社會住宅財源 首波向銀行團融資 1500 億〉，《聯合報》，6/3，A12。

2　呂雪彗，2016a，〈兌現政見經費 規模近千億〉，《工商時報》，8/19，A2。

3　朱漢崙，2016a，〈小英社會住宅用地 鎖定國防部、台鐵、台糖〉，《工商時報》，5/4，A5。

4　曾薏蘋、周思宇、郭建伸，2016，〈總統：社宅關係執政成敗〉，《工商時報》，6/2，A4。

5　李順德，2016b，〈推動社宅 內政部將翻修住宅法〉，《聯合報》，6/11，A3。當時有規劃社會住宅的出租業務委託民間企業辦理，相關營業收入將可享免稅優惠。資料來源：邱金蘭，2016a，〈蓋社會宅 1,500 億元上膛 內政部與銀行團完成協調 融資平台專案月底前呈報政院 將協助地方興建 落實「八年 20 萬戶」政見〉，《經濟

政院並啟動社會住宅融資服務平台，協助縣市政府籌資[6]。此外，行政院完成《住宅法》修正草案，但當時擬定之「社會住宅興辦計畫」，將90％以上財務負擔轉嫁地方政府[7]。

2017年6月行政院拍板國家住宅及都更中心設置條例，並修法鼓勵地方政府設置住都中心[8]。

2017年8月林口選手村將於賽後轉做社會住宅3,490戶、青創基地約500坪及店鋪82個[9]。同年9月行政院長賴清德認為應分層分批取得使用執照，以利加速選手村轉作社會住宅[10]。

2018年5月行政院政務委員林萬億推出整套方案，包括青年及生育多的家庭，政府將提供社會住宅優惠方案[11]。

2020年行政院施政方針（民國110年度）提出「加速推動社會住宅政策，保障青年及弱勢家戶基本居住權益，提供多元居住選擇」[12]、「健全高齡照顧及社區預防與支持

日報》，8/1，A5。

6　邱金蘭，2016b，〈社會宅出租 將委企業代管 政院通過住宅法修正案 相關營收免稅 可望為房仲與物管業帶來新商機〉，《經濟日報》，8/4，A6。

7　顏瑞田，2016a，〈中央推社會宅 地方叫苦 地方要負擔90％財務〉，《工商時報》，9/5，A2。

8　邱金蘭，2017，〈政院點火 都更中心遍地開花 中央地方總動員 將設國家級組織 落實社會住宅等政策 修法鼓勵縣市政府成立行政法人〉，《經濟日報》，6/2，A2。

9　張語羚，2017，〈世大運選手村轉做社宅、青創基地 租金皆為市價8折，若有較劇烈的浮動再做調整〉，《工商時報》，8/4，A5。

10　譚宇哲，2017，〈世大運選手村分批取得使照 4年8萬戶社宅賴揆有信心〉，《中國時報》，9/24，A13。

11　張理國，2018a，〈新婚及有幼兒家庭門檻降低 8月前推出 鼓勵生育再祭社會住宅優惠〉，《經濟日報》，5/19，A4。

12　行政院，2020，〈110年度施政方針〉，頁3。

家庭照顧體系」[13]，核定「內政部整體住宅政策」、「社會住宅興辦計畫」及「社會住宅包租代管試辦計畫」，2024年長期目標預計完成 20 萬戶。

貳、立法院

一、重要歷程

此階段立法院提出《都市再生條例》草案，並通過《住宅法》修正案及《國家住宅及都市更新中心設置條例》。摘錄重點如下。

2016 年 6 月民進黨提出《都市再生條例》草案，另訂「公辦都更」專法，強調政府可利用公辦都更之容積獎勵作為社會住宅[14]。

2016 年 12 月立法院三讀通過《住宅法》修正案，將提供經濟或社會弱勢的租屋保障比例，從 1 成提高到 3 成，並增設「公益出租人」[15]。

2017 年 11 月立法院司法及法制委員會初審通過《國家住宅及都市更新中心設置條例》草案，將以行政法人方式成立國家都更中心，協助推動社會住宅與公辦都更業務[16]，

13　行政院，2020，〈110 年度施政方針〉，頁 16。

14　周思宇，2016，〈小英喊公辦都更 民團：樂見催生專法〉，《中國時報》，6/20，A4。2017 年 8 月財團法人中華都市更新全國總會呼籲政府《都市更新條例》應在 50％的法定容積獎勵上限外，再給予 20％增額容積以作為社會住宅等公益設施之用。資料來源：蔡惠芳，2017，〈房市走下坡……業者：推自力都更好時機〉，《工商時報》，8/31，A4。

15　徐偉真，2016a，〈社會住宅保弱勢 大增至 3 成 增設「公益出租人」免納綜合所得稅額度最高 1 萬 弱勢者若現租達建 3 年緩衝並補貼〉，《聯合晚報》，12/23，B7。

16　劉宛琳，2017，〈國家設都更中心 初審通過〉，《聯合報》，11/21，A11。

該條例於 2018 年 2 月 14 日公布施行。

2020 年 1 月 15 日立法院吳玉琴委員國會辦公室、江永昌委員國會辦公室、都市改革組織、社會住宅推動聯盟及臺灣社會福利聯盟召開公聽會，關注社會住宅租金合理化，包括可負擔租金與非自償補助標準課題 [17]。

2021 年 5 月《住宅法》第二次修法，立法院江永昌、吳玉琴、吳怡玎、邱顯智、張其祿等委員提出社會住宅相關條文修法，在 5 月 18 日於立法院通過 [18]。

二、《住宅法》之社會住宅條文修訂歷程

2012 年 11 月立法院內政委員會初審通過《住宅法》部分條文修正草案 [19]，12 月《住宅法》正式施行 [20]。

2013 年 1 月民進黨團提案修正《住宅法》，建議提高供給中低收入戶等弱勢族群的社會住宅比例 [21]。但遲至 2016 年 8 月為落實總統 8 年 20 萬戶社會住宅政策，行政院方拍板《住宅法》修正案 [22]，在部分內容「沒共識」前提下，當時行政院長林全在行政院會討論前急踩煞車，要求再尋求共識，主要是來自內政部與行政院的僵持，以及社會

17　參考 109 年 1 月 15 日社會住宅租金合理化公聽會（二）「可負擔租金與非自償補助標準」之資料。

18　社會住宅推動聯盟，2021，〈《住宅法》修正案 三讀通過條文與附帶決議〉。

19　管婺媛，2012，〈立院初審過關 供弱勢租住社會住宅 提高到卅％〉，《中國時報》，6/8，A4。

20　何醒邦、李順德，2012，〈住宅法上路 每人基本居住水準 3.96 坪今起施行 貸款、租金補貼 將有法源依據 防止弱勢「籠民」現象 首定基本居住坪數〉，《聯合報》，12/30，A4。

21　王莫昀，2013a，〈平價公營出租宅 三都將蓋萬戶〉，《中國時報》，1/31，A8。

22　呂雪彗，2016b，〈建商蓋社會宅 擬給容積獎勵〉，《工商時報》，6/1，A2。

住宅推動聯盟等 20 多個社會團體聯手陳情抗議[23]，因為當時把社會住宅居住對象擴大為「社會經濟弱勢者」，並授權地方政府認定，引來社會住宅推動聯盟的不滿；8 月 29 日行政、立法協調會協商達成共識，大幅鬆綁經濟弱勢者入住比率，由 10％提高為 30％，12 種特殊身分入住條件維持，不交給地方政府認定[24]。經過諸多討論，直至 2016 年 12 月 23 日《住宅法》修正案三讀[25]，於 2017 年 1 月 11 日修正公布，將包租代管列為興建社會住宅的方式。

　　2021 年 5 月《住宅法》第二次修法，5 月 18 日於立法院通過，主要修正內容包括弱勢保障比例從現行 30％提高至 40％，以及提高包租代管提高弱勢比例，優先保障身心障礙及獨居老人。在該法之社會住宅規定上，主要透過提供土地取得、租稅減免及融資等三大誘因，鼓勵民間參與興建社會住宅[26]。

參、財政部

　　財政部對社會住宅政策之執行主要在釋出國有土地，提供各地方政府興建社會住宅。

23　李順德，2016c，〈弱勢住社宅比率喬不攏 修法喊卡 保障比率 20％？行政院會沒共識 25 社團聯手陳抗 要求提高到 30％〉，《聯合報》，8/26，A3。

24　李順德，2016d，〈社宅弱勢入住率 將提高至 30％ 行政、立法協調會達共識 12 種特殊身分條件維持 希望穩住蔡政府民調下滑態勢〉，《聯合報》，8/30，A6。

25　何孟奎，2016，〈建築標準提高 建材業利多〉，《經濟日報》，12/24，A4；丘采薇、許依晨、潘姿羽，2016，〈住宅法修正三讀 將增設「公益出租人」租金收入有減稅優惠 社宅租弱勢 提高到 3 成〉，《聯合報》，12/24，A13。

26　內政部，2021d，《住宅法》（2021 年版）；社會住宅推動聯盟，2021，〈《住宅法》修正案 三讀通過條文與附帶決議〉。

2016年5月內政部為順利推動包租式社會住宅方案，祭出租稅優惠等內容。但財政部表示，房屋稅與地價稅屬於地方稅，內政部要先確定範圍與方向，再評估合理性及地方政府稅收財源[27]。

2016年6月財政部責成國產署，釋出國有土地提供各地方政府興建社會住宅[28]。

2016年10月國有地活化考量採多元化方式進行，除以地上權方式釋出外，也配合五大產業政策及社會住宅政策，供地方政府開發[29]。

肆、內政部

一、重要歷程

內政部提出社會住宅能源管理及 BIM 推廣、強調應重視建築設計、祭出減稅優惠、融資平台專案、考量年輕人及弱勢家庭入住社會住宅、推出包租代管服務、擬定《社會住宅出租辦法》草案、通過《內政部住宅審議會設置辦法》草案、關注高齡友善住宅課題及啟動「社會住宅包租代管2.0」。

27　何孟奎、林潔玲，2016，〈新政府擬修法 推包租社會宅〉，《經濟日報》，5/17，A4。

28　朱漢崙，2016b，〈社會宅用地一年內須動工〉，《工商時報》，6/15，A2。另當時合作金庫也爭取相關法規鬆綁，讓社會住宅的土建融案免計入控管範圍，並透過8年20萬戶的社會住宅計劃全面啟動融資布局。資料來源：朱漢崙，2016c，〈配合政策，就怕不動產放款一下子到頂 爭鬆綁 合庫盼免列銀行法規範〉，《工商時報》，6/25，A9；朱漢崙，2016d，〈攜手桃園、新北 社會宅融資 合庫搶第一〉，《中國時報》，8/3，A8。

29　邱金蘭，2016d，〈國有地活化 多路並進〉，《經濟日報》，10/11，A13。

2016 年 3 月內政部營建署針對智慧建築未來發展，提出社會住宅的能源管理等方向 [30]。

2016 年 5 月內政部長葉俊榮表示社會住宅應該重質不重量 [31]。

2016 年 6 月內政部祭出減稅優惠，獎勵房東釋出空餘屋，給建商容積獎勵，挹注社會住宅供給量 [32]。

2016 年 8 月內政部加速推動社會住宅投資，完成與銀行團協調，籌得 1,500 億元融資，規劃在前 4 年興建社會住宅，融資平台專案也將在 8 月底前呈報行政院，協助地方政府興建，落實社會住宅政見 [33]。

2016 年 8 月內政部長葉俊榮表示國內住宅有高自有率、高空屋率及高房價等問題，但民眾所得沒有增加，必須推動社會住宅，照顧初入社會的年輕人及弱勢家庭 [34]。

2016 年 9 月內政部規劃社會住宅推出包租代管服務 [35]，透過房租免稅額、可扣抵必要支出比率提高到 60％ [36]。

30　邱柏綱，2016，〈2016 智慧永續建築高峰會 營建署 推 5 發展方向〉，《經濟日報》，3/27，A3。

31　徐偉真，2016b，〈推社宅 葉俊榮：重質不重量〉，《經濟日報》，5/25，A8。

32　呂雪彗，2016b，〈建商蓋社會宅 擬給容積獎勵〉，《工商時報》，6/1，A2。

33　朱漢崙，2016e，〈銀行、地方政府 有歧見〉，《工商時報》，8/10，A4；邱金蘭，2016c，〈鼓勵釋出空屋 包租代管還提供免費保險〉，《經濟日報》，8/12，A2。

34　游智文，2016，〈葉俊榮：照顧社會新鮮人及弱勢〉，《聯合晚報》，8/25，A4。

35　何世昌，2016，〈社宅「包租代管」最大阻力在「稅」〉，《聯合報》，9/11，A13。

36　邱金蘭，2016d，〈國有地活化 多路並進〉，《經濟日報》，10/11，A13。

2016 年 12 月內政部強化釘子戶處理機制，包括政府主動協議換屋或將釘子戶遷到社會住宅等機制[37]。

2017 年 3 月 6 日《國家住宅及都市更新中心設置條例》由內政部報請行政院審查[38]。

2017 年 10 月內政部鼓勵房東參加社會住宅包租代管計畫[39]。

2018 年 5 月內政部放寬條件，只要是新婚家庭或育有 6 歲以下幼兒家庭，都可參加社會住宅抽籤[40]。

2019 年 6 月 25 日內政部次長花敬群召開「促進民間興辦高齡友善出租住宅及社會住宅策略規劃會議」，提到高齡友善住宅應定義最基本的設施設備及無障礙設施設備，社會住宅申請入住資格應迎合高齡者需求[41]。

2019 年 10 月內政部啟動「社會住宅包租代管 2.0」[42]。

二、內政部中程施政計畫及施政目標

此階段「內政部中程施政計畫（2017 至 2020 年度）」，

37　邱金蘭，2016e，〈政院推都更 面對釘子戶問題 將主動協議換屋 讓住戶參與選擇估價者 擬設專業法庭 加速解決爭議案件〉，《經濟日報》，12/1，A4。

38　《工商時報》，2017，〈《社論》期待都市更新的再出發〉，《工商時報》，5/16，A2。

39　彭禕琳，2017，〈推包租代管內政部籲 4 都跟進降稅〉，《經濟日報》，10/31，A5。

40　張理國，2018b，〈新婚或有 6 歲以下幼兒皆可 世大運社宅 申請條件放寬〉，《中國時報》，5/26，A6。

41　詳見內政部 108 年 12 月 31 日台內營字第 1080823785 號函檢送內政部 108 年 12 月 25 日召開「促進民間興辦高齡友善出租住宅及社會住宅策略規劃」委託專業服務案第 3 次工作會議紀錄。

42　陳熙文、林敬殷、沈婉玉，2019，〈社宅政策槓柯 中央推包租代管 2.0〉，《聯合報》，10/31，A4。

其中有一項為「落實居住正義，建構宜居環境」，重點為「強化推動只租不售之社會住宅」、「善用民間能量，引導民間出租住宅加入包租代管機制，鼓勵房東共同參與社會住宅」[43]。分析此階段社會住宅政策執行的重點如下。

1. 2017 年內政部施政目標包括依《住宅法》，朝「健全住宅租售市場」、「提供多元居住協助」、「提升居住環境品質」等三個面向[44]。並依核定「社會住宅興辦計畫」（表 4-1），設置社會住宅融資服務平台及輔助地方政府興辦經費，以減少地方政府之財政負擔，推出包租代管試辦計畫，提供多項誘因，鼓勵民間參與社會住宅[45]。

表 4-1：社會住宅興辦計畫主要執行策略

	主要策略
1	協助地方政府取得土地。
2	成立社會住宅融資服務平臺。
3	推動包租代管。
4	補助地方政府興辦社會住宅先期規劃費、融資利息及非自償性經費。
5	以都市計畫方式多元取得社會住宅資源。
6	成立專責機構及建立中央與地方政府合作關係。

43　內政部，2020a，〈內政部中程施政計畫（106 至 109 年度）〉。

44　內政部統計處編輯，2017，《中華民國 106 內政概要》，頁 4。

45　以 8 年 20 萬戶為目標，其中直接興建 12 萬戶，包租代管 8 萬戶。第一階段（2017–2020 年）目標直接興建 4 萬戶，包租代管 4 萬戶。除直接興建外，也與六個直轄市政府合作推動以包租代管方式，承租民間住宅轉為社會住宅，增加社會住宅的供給面資源。資料來源：內政部統計處編輯，2018，《中華民國 107 內政概要》，頁 109；內政部統計處編輯，2017，《中華民國 106 內政概要》，頁 4、頁 109。

| 7 | 行銷宣導社會住宅。 |
| 8 | 建置社會福利輸送機制及研訂社會住宅興建管理作業參考原則。 |

資料來源：行政院，2017，〈社會住宅興辦計畫〉。本研究整理。

2. 2018 年內政部施政目標包括成立行政法人國家住宅及都市更新中心，協助政府推動都市更新業務及管理社會住宅，促進居住環境改善，達到永續發展目標[46]。為落實居住正義，達成 8 年 20 萬戶社會住宅的政策目標，內政部協助各地方政府，取得所需土地、融資等，並提供多元支持系統，照顧居住需求，以及融合無障礙環境、青創共享等實驗方案[47]。

3. 2019 年內政概要提到「落實居住正義，建構宜居環

---

[46] 內政部統計處編輯，2018，《中華民國 107 內政概要》，頁 4。

[47] 整理內政部 2017 年度及 2018 年度施政計畫之年度施政目標為「打造宜居環境，維護民眾居住權利」，策略為「強化推動只租不售之社會住宅，與相關部會及地方政府共同盤點、活化土地、人力等現有資源，並結合都市計畫及都市更新政策，協助地方政府運用融資等多元方式，提升社會住宅興辦能量」、「完備住宅租賃制度，促進租賃市場健全發展；善用民間能量，引導市場釋出空餘屋，推動包租代管機制，鼓勵房東共同參與社會住宅；持續提供多元居住協助措施，加強照顧弱勢者居住權益」；內政部 2019 年度及 2020 年度施政計畫之年度施政目標為「落實居住正義，建構宜居環境」，策略為「強化推動只租不售之社會住宅，與相關部會及地方政府共同盤點、活化土地、人力等現有資源，並結合都市計畫及都市更新政策，協助地方政府運用融資等多元方式，提升社會住宅興辦能量」；2019 年「社會住宅興辦計畫」之實施內容為「辦理中央與地方合作推動社會住宅事宜」；2020 年「社會住宅興辦計畫」之實施內容為「一、積極協助地方政府興辦社會住宅。二、賡續推動社會住宅包租代管相關工作。」資料來源：內政部，2017c，〈內政部 106 年度施政計畫〉，頁 2-2；內政部，2018b，〈內政部 107 年度施政計畫〉，頁 2-2；內政部，2019，〈內政部 108 年度施政計畫〉，頁 2-2、頁 2-7；內政部，2020b，〈內政部 109 年度施政計畫〉，頁 2-2、頁 2-7。

境」。特別提到內政部與六個直轄市政府合作推動包租代管，承租民間住宅轉作為社會住宅 [48]。

三、住宅計畫及財務計畫（108－111 年）

該計畫策略 1.3「優先興辦社會住宅以維護國人居住權益」之具體措施 1.3.1「直接興辦社會住宅」，提到直接興辦社會住宅，透過法令研修等工具，與各地方政府合作推動社會住宅。特別是政府直接興辦的社會住宅，應具備優質設計，融合無障礙設施、綠建築、智慧建築，並結合托幼、長照等社會福利設施，其品質及內涵應與國際接軌，帶動民間住宅興建標準向上提升 [49]；具體措施 1.3.4「社會住宅使用後評估及檢討」提到社會住宅個案基地使用後評估機制，讓主管機關能更深入且長期的追蹤及掌握用戶端使用成效 [50]；具體措施 1.3.5「社會住宅之建築設計參考手冊」，提到透過參考手冊之製作，能夠完成具備舒適性、經濟性、健康性與安全性之社會住宅建築設計原則，提供給各直轄市、縣（市）政府及民間業界參考，以提升社會住宅設計品質 [51]。

當時興辦方式包括直接興建、合建分屋、以公有土地設定地上權予民間合作興建、以公有土地或建築物參與都市更新分回建築物及其基地及其他經中央主管機關認定者。民間依循《住宅法》相關規定興辦社會住宅，享有之優惠分析如表 4－2。

48　內政部統計處編輯，2019，《中華民國 108 年內政概要》，頁 108。
49　內政部，2019，〈內政部 108 年度施政計畫〉，頁 23-25。
50　內政部，2019，〈內政部 108 年度施政計畫〉，頁 26。
51　內政部，2019，〈內政部 108 年度施政計畫〉，頁 27。

表 4－2：民間興辦社會住宅享有之優惠

項目	內容
公有不動產之地上權權利金以及地上權與承租之租金優惠	保留予具特殊情形或身分之弱勢家戶比例越高，優惠越多。
直接補貼	得補貼興建（含修繕）社會住宅之貸款利息、部分建設或營運管理費用。
融資協助	得視民間興建（含修繕）社會住宅資金融通之必要性，向中長期資金主管機關申請提供中長期資金。
興建或營運階段地價稅減徵	訂定相關規範。
績效獎勵	評鑑結果為優等、甲等，發給獎牌，並酌給獎勵金。

資料來源：財政部，2017，〈民間興辦社會住宅使用公有不動產之出租及設定地上權優惠辦法〉。本研究整理。

　　民間向直轄市、縣（市）主管機關提出申請興辦社會住宅，該計畫應包含評估分析計畫、興建計畫、營運管理計畫、財務計畫及設備計畫。

　　主管機關及民間興辦社會住宅之方式轉為多樣性。除新建外，可利用公有建築物及其基地興辦或辦理土地變更及容積獎勵之捐贈等方式，民間則可透過增建、改建、修建及修繕建築基地之既有建築物方式興辦[52]。

　　主管機關興辦社會住宅，得自行或委託經營管理[53]。非營利私法人得租用公有社會住宅，進行經營管理，轉租對

---

[52]　《住宅法施行細則》第 5 條規定，主管機關依《住宅法》第 19 條第 1 項規定興辦社會住宅時，應擬訂興辦事業計畫。資料來源：內政部營建署，2017b，〈社會住宅必要附屬設施項目及規模〉。

[53]　《住宅法施行細則》第 5 條規定興辦事業計畫內容。

象以《住宅法》第 4 條所定經濟或社會弱勢者為限 [54]，並提供一定比率給予未設籍於當地且在該地區就學、就業有居住需求者。（表 4 - 3）

表 4 - 3：興辦社會住宅方式比較

主管機關	民間
1. 新建。 2. 利用公有建築物及其基地興辦。 3. 接受捐贈。 4. 購買建築物。 5. 承租民間住宅並轉租及代為管理。 6. 獎勵、輔導或補助《住宅法》第 52 條第 2 項租屋服務事業承租民間住宅並轉租及代為管理，或媒合承、出租雙方及代為管理。 7. 辦理土地變更及容積獎勵之捐贈。 8. 其他經中央主管機關認定之方式。	1. 新建。 2. 增建、改建、修建、修繕同一宗建築基地之既有建築物。 3. 購買建築物。 4. 承租民間住宅並轉租及代為管理。 5. 其他經中央主管機關認定之方式。以《住宅法》第 19 條第 1 項第 5 款或第 6 款方式，承租及代為管理者，不適用《政府採購法》規定。

資料來源：行政院，2017，〈社會住宅興辦計畫〉。本研究整理。

此外，採用包租代管方式，主要有下列幾個原因：

1. 保障社會經濟弱勢者及無力購屋民眾之居住權利。

2. 增加住宅供給面資源，讓租屋成為購屋以外民眾居住選擇方式之一。

3. 發揮租屋與購屋市場相互調控之市場均衡機制。

4. 可活化及利用現有空屋外，並可減輕地方政府直接

54　此處經濟或社會弱勢者，包括低收入戶或中低收入戶等合計 12 類對象。

興建社會住宅財政負擔，使政府提供之住宅資源能循環利用。[55]

故政策內涵強調健全住宅租售市場的強化機制，明定承租住宅無歧視之法令。當時社會住宅包租代管業者名單，包括基金會、租屋經理公司、房屋仲介公司、不動產公司、管理顧問公司及資產管理公司。此政策對房東而言，主要有稅賦減免及修繕補助等，也增加居家安全保險費用之補助；對房客而言，主要有政府補助租金差額和公證費；對業者而言，可申請服務費用免營業稅等。

當時業界對社會住宅政策評價，正面及負面評價皆有。

正面評價包括：

1. 支持新政府蓋「只租不售」的社會住宅，但建議政府不宜好高騖遠、非得蓋到 20 萬戶不可，應每 1 年檢討 1 次，並彈性提供獨居老人 1 房房型[56]。

2. 社會住宅政策「只租不售」方向正確[57]。

3. 新政府應構思「去供給」，使空屋流動，善用蚊子館或聯合開發的住宅改建社會住宅，以每月租金 5,000 元提供給年輕的首購族[58]。

55　內政部營建署，2018，〈無障礙住宅設計基準及獎勵辦法〉。

56　蔡惠芳，2016，〈建商回應 不必蓋到 20 萬戶〉，《工商時報》，4/7，A2。

57　康文柔，2016，〈《旺旺中時地產峰會》房價跌 拿什麼以房養老〉，《中國時報》，4/13，B4；江富滿，2017，〈安心住宅計畫納入地上權 首購族取得 50 年地上權，購屋每坪可望降至 10 萬以下 黃國明：讓青年快速成家〉，《工商時報》，1/13，C4。

58　袁延壽，2015b，〈談房市 朱立倫：政府應退居二線〉，《工商時報》，11/9，A2。
　　郭及天，2016，〈王應傑：不宜再建社會宅〉，《經濟日報》，5/12，A4。

負面評價包括：

1. 執政團隊充斥「技術官僚，閉門造車」、「學術治國，不切實際」迷失[59]。

2. 政府只要提供中繼住宅，搭配相關配套政策，就能解決年輕人及經濟弱勢民眾之居住問題[60]。

3. 臺灣雖然需要社會住宅，但只租不售，不能滿足人們期待擁有自己房子的喜悅[61]。

4. 房市已供給過剩，應考慮緩推社會住宅[62]。

第二節　《住宅法》及相關子法對於社會住宅條文修訂之分析

以下就《住宅法》及相關子法修正重點及社會住宅推動聯盟的批評進行分析，此部分影響到現行社會住宅的建築計畫內容。

壹、《住宅法》中社會住宅條文修訂特點

分析 2017 年《住宅法》修正重點包括：

1. 將社會住宅供弱勢者租住的法定比例，由 10％提高到 30％。

59　王莫昀，2017，〈小英就職周年房產政策亂業界批：5 缺點 2 迷失 0 喝采〉，《中國時報》，5/17，A9。

60　陳美玲整理，2016，〈海悅國際開發總經理王俊傑 只需繳管理費 臺灣需要的是「中繼住宅」〉，《聯合報》，3/2，AA1。

61　吳馥馨，2016，〈社會宅……無法解決居住正義〉，《經濟日報》，5/19，A5。

62　曾麗芳，2016，〈林正雄：應考慮緩推社會住宅〉，《工商時報》，12/30，A17。

2. 利用閒置國宅用地推動社會住宅。

3. 社會住宅享地價稅和房屋稅減免；房東出租房屋，每月租金有免稅額。

4. 12種特殊身分入住條件完全維持，不交給地方政府認定。

5. 增設公益出租人，鼓勵房東將房屋出租給符合租金補貼申請資格者。

貳、《住宅法》相關子法對社會住宅內容之研訂

一、《內政部興辦社會住宅出租辦法》

主要重點規定內政部得依社會住宅居住單元之面積、設施及設備，規定其入住人口數，並規定承租人及其家庭成員應遵守租賃契約及內政部訂定之管理規定，政府人員得訪視住宅。

二、《民間興辦社會住宅申請審查辦法》

主要重點為民間興辦社會住宅申請人，應檢具文件，向興辦所在地之直轄市、縣（市）主管機關提出申請。並在營運前，興辦人應檢具設施及設備使用管理規定。上述相關文件包括：

1. 申請書。

2. 興辦事業計畫。

3. 申請人證明文件。

4. 土地及建築物相關權利證明文件。

5. 基地位置圖。

6. 其他興辦事業相關文件。

其中「興辦事業計畫」應包含評估分析計畫、興建計畫、營運管理計畫、財務計畫、設備計畫及其他相關文件。「興建計畫」包括公共設施與設備，以及管理服務設施規劃。

三、《社會住宅經營管理者評鑑及獎勵辦法》

主要規定社會住宅經營管理者之評鑑項目，應包括行政組織及經營管理、居住協助及專業服務、環境設施及安全維護、權益保障、改進創新及其他依社會住宅法規規定。

四、《都市危險及老舊建築物建築容積獎勵辦法》

該辦法[63]第9條規定建築物無障礙環境設計之容積獎勵額度，取得無障礙住宅建築標章，容積獎勵額度為基準容積百分之五。

辦理新建住宅性能評估之無障礙環境者，第一級獎勵基準容積百分之四。第二級獎勵基準容積百分之三，此項規定使社會住宅之無障礙住宅設計增加誘因[64]。

上述社會住宅的無障礙環境建置內容，主要依據〈無障礙住宅設計基準及獎勵辦法〉[65]及〈建築物無障礙設施設計

63　該辦法為內政部106年8月1日台內營字第1060811278號令訂定。
64　前述的「新建住宅性能評估」，是指《住宅性能評估實施辦法》，住宅性能評估分成「新建住宅性能評估」及「既有住宅性能評估」，主要評估結構安全、防火安全、無障礙環境、空氣環境、光環境、音環境、節能省水、住宅維護。該辦法第4條規定：「前條第一項各款所列性能類別，新建住宅應一併申請評估；既有住宅得由申請人視其需求選擇申請評估之，申請人為公寓大廈管理委員會者，既有住宅評估類別以結構安全、防火安全、無障礙環境、節能省水及住宅維護為優先。」透過《住宅性能評估實施辦法》規定，以提升住宅安全品質及明確標示住宅性能。
65　內政部，2018a，〈無障礙住宅設計基準及獎勵辦法〉。

規範〉[66]。

五、《社會住宅設施設備及社會福利服務協助項目規定》

　　《住宅法》第 26 條第 2 項授權主管機關訂定社會住宅設施設備及社會福利服務之必要附屬設施。2012 年 9 月 7 日內政部訂定「社會住宅設施及設備項目規定」，2017 年 8 月 11 日修正為「社會住宅設施設備及社會福利服務協助項目規定」[67]。

　　2017 年該規定修正內容[68]，主要包括：

1. 修正「具特殊情形或身分」為「經濟或社會弱勢」。

2. 考量家庭承租戶多數自己有家具，無須再提供；民眾多有個人清潔衛生考量，不習慣他人使用過家具，且若損壞涉程度及賠償價金判定問題，為免爭議，原則不再提供。

3. 考量社會住宅興辦地點位於無天然瓦斯供應地區，採用桶裝瓦斯者，具不安定因素，且考量安全性，得設計使用電力之爐具，如電磁爐等爐具。考量 1 人居住之居室空間配置及單獨居住者使用廚房之頻率較少，得免設廚房。

4. 如部分居室無法配置工作陽台者，得將曬衣架集中設置，以提供居住民眾生活實際需要。

66　內政部，2020c，〈建築物無障礙設施設計規範〉。

67　該規定為內政部 101 年 9 月 7 日台內營字第 1010808168 號令訂定，自 2102 年 12 月 30 日生效，內政部 106 年 8 月 11 日台內營字第 1060811210 號令修正「社會住宅設施及設備項目規定」名稱為「社會住宅設施設備及社會福利服務協助項目規定」，並修正全文，自即日生效。

68　主要參考 2017 年行政院公報第 23 卷第 96 期「社會住宅設施及設備項目規定修正草案總說明」內容。

5.增訂社會福利服務協助之項目。[69]

另設施或設備供行動不便者使用時，應設置無障礙設施或設備項目。社會住宅經營管理者應自行或洽請各目的事業主管機關或團體，提供相關教育、就業、醫療及其他社會福利資訊或轉介服務。至於客廳、餐廳之桌椅，臥室之單人或雙人床、衣櫃、窗簾，得依社會住宅經營管理者之營運計畫及承租者需求辦理[70]。

六、《社會住宅必要附屬設施項目及規模》

依據《住宅法》第33條第2項訂定，要求主管機關或民間興辦之社會住宅於規劃設計前，應協商直轄市、縣（市）各目的事業主管機關，提供所需之附屬設施項目、空間需求及經費負擔方式，一併納入規劃興建。設置規模基準依各目的事業主管機關規定辦理。

在2017年的版本規定社會住宅新建工程容許規劃附屬經營事業空間面積，提供政府開源創收新財源。主要劃分兩類：1.提供政府使用充實公共性服務空間，如社福機構、社區鄰里辦公室等用途。2.提供民間承租營運商業性服務空間，如出租店鋪、辦公室、民營托嬰托老等用途。

在社會住宅規劃設計前期，直轄市及縣（市）政府興辦社會住宅各目的事業主管機關，需提出需要附屬設施項目、用途空間及經費負擔方式。

至於計畫容納人口數，應以每住宅單位居住3人計算，單身住宅以1人計算。提供服務項目，應考量基地可興建

69　行政院，2017，〈社會住宅興辦計畫〉。
70　內政部營建署，2017a，〈社會住宅設施設備及社會福利服務協助項目規定〉。

戶數、計畫容納人口數、所在地區公共服務品質需求，透過表4-4之項目，可發現社會住宅附屬設施項目具多樣性。

表4-4：社會住宅附屬設施項目（2017年版）

項次　　項目	計畫容納人口數 未滿三百人	三百人以上未滿六百人	六百人以上未滿一千五百人	一千五百人以上
一 社會福利服務	V	V	V	V
二 身心障礙服務	V	V	V	V
三 餐飲服務	V	V	V	V
四 長期照顧服務	V	V	V	V
五 文康休閒活動	V	V	V	V
六 社區活動	V	V	V	V
七 商業活動		V	V	V
八 幼兒園	V	V	V	V
九 托育服務		V	V	V
十 青年創業空間				V

資料來源：內政部營建署，2017a，〈社會住宅設施設備及社會福利服務協助項目規定〉。

　　在2021年的版本，考量社會住宅附屬設施項目具多樣性，附屬設施之服務範圍，除社會住宅社區外，尚包括社會住宅之所在地區，故改為應依實際狀況因地制宜，將社會住宅需求預測、推估以「戶」為單位（表4-5）。重點為：

　（一）將「福利服務」、「身心障礙服務」、「社區活動」及「托育服務」列為1,000戶以上之社會住宅社區，至少應設置一處該項附屬設施。但如經各主管機關評估鄰近地區有其他替代之設施可滿足需求者，可免設置[71]。

71　內政部營建署，2021，〈社會住宅必要附屬設施項目及規模〉。

（二）對「社會福利服務」、「身心障礙服務」、「社區活動」及「托育服務」相關名詞進行定義。

1. 「社會福利服務」係指家庭經濟陷困扶助、家庭遭逢變故或功能受損扶助、家庭關係扶助、兒少發展扶助、身心障礙或傷病扶助、個人生活適應扶助及其他扶助等。

2. 「身心障礙服務」係指針對身體系統構造或功能，有損傷或不全導致顯著偏離或喪失，影響其活動及參與社會生活，並領有身心障礙證明者之服務。

3. 「社區活動」係指提供該社區住戶瞭解社區、凝結社區意識、甚至是改造社區環境等活動均稱之，主要使用的空間場地如社區活動中心等。

4. 「托育服務」係指兒童福利服務中，設計以補充家庭來提供日常照顧、衛生督導，以及完成0至2歲兒童最佳發展所需各種經驗的供給。任何形式的托育服務，都應設計成為發展性服務，以培養兒童生理、情緒、智能及社會發展各方面的潛能。

表4-5：社會住宅必要附屬設施項目（2021年版）

項次	計畫容納戶數 項目	未滿一千戶	一千戶以上
一	社會福利服務	○	V
二	身心障礙服務	○	V
三	餐飲服務	○	○

四	長期照顧服務	○	○
五	文康休閒活動	○	○
六	社區活動	○	V
七	商業活動	○	○
八	托育服務	○	V
九	幼兒園	○	○
十	青年創業空間	○	○
十一	其他必要附屬設施	○	○

1. 其他必要附屬設施：除本表所列十項附屬設施外，凡能增進地
區公共服務品質之設施均屬之，如停車場或其他設施等。
2. V：代表該社區至少應設置一處該項附屬設施。但經各主管機
關評估鄰近地區有其他替代之設施可滿足需求者，可免設置。
3. ○：代表興建社會住宅主管機關經評估後得設置之附屬設施項
目。
資料來源：內政部營建署，2021，〈社會住宅必要附屬設施項目
及規模〉。

七、社會住宅規劃設計興建及營運管理作業手冊

2018 年 11 月內政部營建署發布「政府興辦社會住宅作
業參考手冊」，要求社會住宅取得綠建築、智慧建築及無
障礙住宅標章為原則，並結合托幼及長照等社會福利設施。
內政部營建署 2018 年委託臺灣物業管理學會訂定「社會住
宅規劃設計興建及營運管理作業手冊」[72]，該作業手冊提供
給各直轄市、縣（市）政府興辦社會住宅之參考。

（一）架構

分成政策與規劃、設計與營建、營運管理與物業管理。

---

[72] 內政部營建署，2019，〈社會住宅規劃設計興建及營運管理作業
參考手冊〉。

（二）特色

提出社會住宅公共空間規劃設計、公共空間項目、整棟住宅公設比建議、大公與小公定義、建築立面與空間量體、建築立面與空調設備、無障礙環境設計、公共設施及服務設施、物業管理配合設施與設備的建議內容。

（三）公共空間項目及相關服務設施設備

提出下列重點：

1. 社會住宅應考慮高齡、幼童、婦女、行動不便者使用之需求，建築下層裙樓與上層標準樓層需藉由公共空間串聯社區空間和住宅單元。

2. 公共空間配置充足公共設備，提供住戶日常使用，並開放給鄰近居民使用。

3. 社會住宅公共空間項目，包括主門廳、門廳內昇降機或梯廳內樓梯、汽車、機車及腳踏車之停車場、屋頂層及各樓層陽臺等空間；以貨運物流動線為主的郵差或快遞，搬卸貨物與日常清理垃圾運送等空間；以維生系統與設備為主項目，包括提供生活水電、瓦斯、消防及機電設備等空間。

4. 「大公」空間位置可能分布在地面層、地下層、某樓層、屋頂層與屋頂，是提供全體住戶共有共同使用空間，包含主樓層門廳大廳、休憩交誼區域、物業管理室、垃圾儲藏空間、空調設備室、管理員室及其他附屬共用部分設施，也包括頂樓屋頂突出物的水箱與開放平臺，以及地下室的停車場、蓄水池、機械房、配電室、發電機室、中繼水箱、露臺陽臺平臺、公有騎樓門廊等空間；「小公」空間包含標

準層及 2 層以上電梯間、樓梯間、走廊通道等空間。

5. 社會住宅公設比建議以 30％ － 35％為宜。

6. 建築外牆預留適當位置配置瓦斯管及其他管線。

7. 建築設計可考量高樓層退縮或逐層退縮方案。

8. 社會住宅住戶單元和整棟住宅公共空間之空調機組，需處理空調設備機組之配置位置與管線系統。

9. 社區空間和建築物內部公共空間須符合「建築物無障礙設施設計規範」及《無障礙住宅設計基準及獎勵辦法》。

10. 社會住宅得視物業管理之實際需要，配合規劃各項服務設施與設備。

11. 社會住宅管理中心應位於主要出入口設置，並考量動線、日常安全和物業維護管理需求。

（四）公共空間維護管理

對於公共服務空間（零售業使用空間、社福機構使用空間）、整棟住宅公共空間用途（提供住戶日常生活使用、舉辦共食餐廚等多元化培力計畫、自治會）及里民活動中心空間進行空間維護管理規定。

（五）社福公共服務需求

社會住宅配合社福公共服務需求，可擬定就業服務站、里民活動中心、托嬰中心、老人長期照顧機構、身心障礙福利機構、自治會、智慧辦公室、智慧圖書館、智慧商業零售規劃、智慧健康照護規劃及智慧托育規劃等設計原則，可使各縣市設計社會住宅的附屬設施具備經濟性及實用性。

參、社會住宅推動聯盟對政策之批評

崔媽媽基金會執行長呂秉怡表示社會住宅應該要優先照顧弱勢，政府除將多數資源給年輕人，應重視長者[73]。而在《住宅法》修正過程，社會住宅推動聯盟提出四點呼籲：

1. 地方政府應就弱勢保障即早建立具身分評點精神的分配與申請機制。

2. 中央政府應儘速完成可負擔租金計算標準，作為社會住宅租金設定及租金補貼額度的依據，最好 1 年內完成相關標準訂定。

3. 中央政府應籌備成立社會住宅專責機構，確保效能及品質。

4. 中央政府應落實對地方政府推動社會住宅的協助。[74]

2018 年 8 月社會住宅推動聯盟等團體指出，住宅政策應包含購屋、租屋、住宅補貼三大面向，缺一不可，建議政府應提高興建數量，並以「可負擔住宅」為核心價值，推動升級版之租金補貼政策[75]。

隨著幾次選舉及政策修正，社會住宅推動聯盟思維也逐漸調整。發現當時社會住宅全國的需求數為 328,164 戶[76]，六都中需求最多的為新北市，地方政府承諾推動社會住宅

73　陳宛茜，2016，〈臺灣現象 窮老負擔不起 社宅租金如天價〉，《聯合報》，2/5，A3。

74　陳美玲，2016，〈住盟提四呼籲 催動執行力〉，《經濟日報》，12/24，A4。

75　沈婉玉，2018，〈住盟：給我升級版租金補貼〉，《聯合報》，8/16，A10。

76　社會住宅推動聯盟，2016，《社會住宅手冊：居住 NEXT─社會住宅》，頁 18。

的數量超過 10,000 戶的包括臺北市、桃園市、臺中市⁷⁷。（表4－6）（表4－7）

　　社會住宅推動聯盟提出住宅政策，包括居住保障、租屋市場、購屋市場的三大面向（表4－8）。該聯盟認為社會住宅政策與「居住保障」相關，現況問題是政府長期缺乏投資，社會住宅嚴重短缺，目標應建構居住安全網，具體策略除積極興辦社會住宅外，也要租金補貼結合包租代管及配套措施，包括福利輸送及就業協助；另社會住宅的對象應為弱勢與青年者，具備土地資源循環運用及補貼的公平性。

表4－6：六類經濟或社會弱勢家戶社會住宅需求，2016

地區	總戶數（戶）	無自有住宅（戶）	社會住宅需求（戶）
臺北市	72,935	36,583	31,114
新北市	138,382	58,682	52,439
臺中市	97,775	39,383	33,712
臺南市	80,525	31,156	24,904
高雄市	133,476	52,069	42,962
桃園縣及三省轄市	129,832	48,601	41,877
其他縣市	320,535	127,936	100,877
全國	973,790	394,715	328,164

資料來源：社會住宅推動聯盟，2016，《社會住宅手冊：居住 NEXT—社會住宅》，頁18。

77　社會住宅推動聯盟，2016，《社會住宅手冊：居住 NEXT—社會住宅》，頁4。

表4-7：地方政府承諾推動社會住宅數量，2016

臺北市（柯文哲）	50,000 戶	8 年（2022 年）
新北市（朱立倫）	7,000 戶	4 年（2018 年）
桃園市（鄭文燦）	20,000 戶	8 年（2022 年）
臺中市（林佳龍）	10,000 戶	8 年（2022 年）
新竹市（林智堅）	1,500 戶	4 年（2018 年）

資料來源：社會住宅推動聯盟，2016，《社會住宅手冊：居住 NEXT—社會住宅》，頁4。

表4-8：社會住宅推動聯盟提出住宅政策三大面向，2016

居住保障	現況問題	政府長期缺乏投資，社會住宅嚴重短缺。
	未來目標	建構居住安全網。
	具體策略	1. 積極興辦社會住宅。 2. 租金補貼結合包租代管。 3. 配套措施（福利輸送、就業協助）。
租屋市場	現況問題	規模過小且法令不健全，租屋無法成為合理、有尊嚴的居住選擇。
	未來目標	發展租屋市場。
	具體策略	1. 制訂租賃專法。 2. 獎勵扶植租賃產業。 3. 落實規範管理。
購屋市場	現況問題	住宅淪為炒作商品，造成一般家戶購屋負擔沉重。
	未來目標	完善市場機制。
	具體策略	1. 強化資訊透明與市場管理。 2. 合理金融調控。 3. 不動產稅制改革。

資料來源：社會住宅推動聯盟，2016，《社會住宅手冊：居住 NEXT—社會住宅》，頁9。

　　社會住宅推動聯盟並對於社會住宅直接興建，提出土

地、財務、執行及稅務問題，建議土地應優先攤提營建與
管理成本，盈餘再依貢獻程度劃分，應以租用、借用或作
價投資等方式，財務上應將房產相關稅收一定比例指定用
途，並長期低利貸款，以租金抵付，最後不足者再編列預
算，執行上應擴大政府組織或成立公法人，稅務以減徵、
免徵為方向。

2021 年社會住宅推動聯盟再次促成《住宅法》修法，
除行政院版條文外，該聯盟提出的訴求也被納入，立法委
員江永昌、吳玉琴、吳怡玎、邱顯智、張其祿等跨黨派委
員提出相關條文，在 2021 年 5 月 18 日於立法院通過，主
要修正包括：

1. 弱勢保障比例從現行 30％提高至 40％。

2. 中央將參考民眾可負擔租金的精神，訂定社會住宅
租金收費原則。

3. 提高包租代管提高弱勢比例，優先保障身心障礙及
獨居老人。

4. 增列中央主管機關補助縣市辦理不符基本居住水準
清查作業。[78]

第三節　臺北市、新北市、桃園市、臺中市及高雄市政府社會住宅政策之執行

壹、臺北市政府

一、執行歷程

2016 年 5 月臺北市長柯文哲提及市長任內會先完成 2

78　社會住宅推動聯盟，2021，〈《住宅法》修正案 三讀通過條文與
　　附帶決議〉。

萬戶公共住宅[79]。

2017 年 3 月臺北市政府將修訂《臺北市社會住宅出租辦法》，同性伴侶者將具備承租社會住宅的申請資格[80]。

2017 年 9 月臺北市都市發展局舉行第 3 次六張犁陸保廠公共住宅興建說明會，但現場爆發激烈衝突，最後流會[81]。

2018 年 3 月臺北市包租代管建議調高租金上限[82]。

2018 年 12 月大同區明倫公共住宅被爆出偷工減料[83]。

2019 年 8 月臺北市只租不售的「公共住宅」一詞成歷史，市府考量鄰避觀感已扭轉，將統稱「社會住宅」[84]。

2019 年 8 月南港區東明社會住宅將對一般戶正式招租，展開「青年創新回饋計畫」[85]。

79 李昭安，2016，〈花敬群：8 年推 20 萬戶社宅 不打折扣 北市爭取無償撥用土地上任後會儘快找柯「深度溝通」〉，《聯合報》，5/17，A4。2016 年 4 月總統當選人蔡英文提出 8 年 20 萬戶社會住宅政策，雙北與桃園態度不同調。資料來源：陳芃、林金池、甘嘉雯，2016，〈社宅執行力比一比 桃園最給力 北市還在喬〉，《中國時報》，4/7，A3。

80 張世杰、魏莨伊，2017，〈臺北市 同性註記伴侶 將可申請社宅〉，《聯合報》，3/6，B2。

81 莊琇閔、陳美玲、楊正海，2017，〈住盟影片控民粹 議員強調別汙名化 六張犁公宅說明會衝突 各說各話〉，《聯合報》，9/16，B2。

82 莊琇閔，2018，〈北市包租代管 建議調高租金上限〉，《聯合報》，3/17，B1；曾百村，2018，〈推包租代管 3 房型租金擬調高〉，《中國時報》，3/21，A13。

83 李依璇，2018，〈明倫公宅遭爆偷工減料 建商喊冤〉，《中國時報》，12/13，A12。

84 張世杰，2019a，〈甩弱勢觀感 北市公宅統稱社宅〉，《聯合報》，8/2，B2。

85 張潼，2019，〈南港東明社宅 青創計畫上路 一般戶 9 月招租〉，《中國時報》，8/2，A12。

2019 年 9 月臺北市信義區的三興段社會住宅，連續 6 次流標，終於開工動土，原本資源回收廠將變身社會住宅，設置區民活動中心、嬰幼弱勢照護、都市農園和學前教育設施[86]。

2019 年 11 月臺北市政府將位在新北市的警察宿舍參與都市更新分回住宅，以每坪約 320 元標租給廠商，市議員質疑市府賤租市產[87]。

2019 年 11 月臺北市政府不動產評價委員會開會決議多項房屋稅調整措施，其中包括「包租代管社會住宅房屋」[88]。

2021 年專業者都市改革組織與臺北市政府合作，對該市社會住宅現況進行檢討分析，包括房型比例設定、廚房、傢俱提供、智慧三表設置、無障礙房、公共設施、屋頂層、平台／露台、交誼活動空間、無障礙動線、社福空間、標章、維護管理成本、物業管理、商業空間、軟體機制、青年創新回饋計畫與公共藝術等，可以發現臺北市政府與第三部門對於社會住宅政策的執行，逐漸從對立轉變為合作。

二、相關法令

為執行社會住宅計畫，臺北市政府訂定相關重要法令，分析如下。

（一）臺北市政府興辦公共住宅基地設置服務設施原則

為規劃公共住宅基地服務設施之設置，提升公共住宅基

86　張世杰，2019b，〈流標 6 次 北市三興段社宅 終動土〉，《聯合報》，9/5，B2。

87　張立勳，2019，〈議員炮轟每坪租金少 500 元 豪宅地段社宅價 市產挨批賤租〉，《中國時報》，11/1，A12。

88　張穎齊、葉德正，2019，〈全國首創最低 21.7 萬戶受惠 單一自住房屋稅 北市明年降至 0.6%〉，《中國時報》，11/27，A12。

地使用效益，訂定「臺北市政府興辦公共住宅基地設置服務設施原則」，公共住宅基地應視區位特性及地區需求，依下列優先順序設置服務設施：1.配合人口政策設置之托育或托老設施。2.鄰近地區居民建議設置之社區活動空間。3.其他因應區位特性及地區需求之服務設施。服務設施之設置位置，除依法令規定應設置於地面層 1 樓者外，其餘應設置於地面層 2 樓，3 樓以上原則不得使用[89]。

（二）臺北市社會住宅青年創新回饋計畫

計畫在一般戶數中提撥 10％作為青創戶，讓個人或團隊可透社區經營提案，經由徵選後入住，在青創團隊入住和執行提案的過程中，由輔導團隊陪伴輔導，從入住初期的合作任務開始，盤點社會住宅公共空間的使用機能和可以活用的方向，也透過創意行動來認識鄰居，接著進行提案整合，整合成主題性的社區行動，期間也將青創戶分組，以團隊分工的方式處理青創執行計畫需要共同處理的公關、基金、資材、平台等事務[90]。

此青創團隊提案是小型的，以行動為導向的社區營造計畫，透過實踐與修正來指認包容性的居住場所內涵。（表4-9）

表 4 - 9：臺北市社會住宅青年創新回饋計畫之思維

方式	思維
降低租金的門檻 混居政策制度設定	讓多樣群體共住在一個社區。

89　臺北市政府，2015，〈臺北市政府興辦公共住宅基地設置服務設施原則〉。

90　林采鴻、劉柏宏，2020，〈社會住宅的生活觀點：包容性居住場所的營造〉，頁 70–71。

只租不售	讓社會住宅的空間，因為不是以私有產權前提，有機會彰顯社會性及公共性。
居住環境與單元的建築設計	讓居民在友善空間相互交流，有助建立社區人際網路，讓居民互相交換生活資訊，互相照應，逐步形成居住的認同。

資料來源：林采鴻、劉柏宏，2020，〈社會住宅的生活觀點：包容性居住場所的營造〉，頁 70－71。本研究整理。

（三）臺北市政府社會住宅規劃設計階段注意事項

主要規定基本通則、設計類、設備類、材料類、其他、性平設計概念預算書、預算書及 BIM 的內容[91]。

透過 2018 年對臺北市政府都市發展局的訪談，得知這些服務設施主要由臺北市政府局處內部相互協調及與地方人士討論而設置的，包含著不同年齡層的需求，空間需求的樓地板面積也不同，對於服務設施考量較彈性。例如：

1. 信義區廣慈博愛園區：公辦民營托嬰中心、全日型老人失智養護照顧、全日型老人養護照顧、老人日間照顧中心、住宿型身心障礙養護照顧機構、身心障礙日間照顧、身心障礙資源中心、居家托育服務中心、社區公共托育家園、社區日間作業設施、肢障者社區生活重建機構、長青樂活服務中心、信義社會福利服務中心、信義婦女暨家庭服務中心、信義親子館、南港信義區少年服務中心、視障者社區生活重建機構、臺北市志願服務推廣中心（廣慈文物展示區）、輔具中心、警察局少輔組、戶政事務所、北市選委會、民政局、健康中心、區公所、區民活動中心、國稅局、清潔隊、就業服務站、稅稽處、

91　臺北市政府都市發展局，2021，〈臺北市政府都市發展局社會住宅「規劃設計階段」注意事項一覽表〉。

中繼期復建中心、中繼照護中心、信義門診、圖書館、中型巴士公共運輸調度站等。

2. 松山區健康社會住宅：托嬰中心、老人服務中心、老人日間照顧中心。

3. 文山區興隆二區社會住宅：托嬰中心、老人日間照顧中心、身障作業設施、身障福利機構、身障服務會所。

4. 萬華區青年社會住宅：托嬰中心、區民活動中心（含里辦公室）。

5. 南港區東明社會住宅：身心障礙服務機構、托嬰中心、就業服務站、區民活動中心、老人長期照顧機構。

6. 大同區明倫社會住宅：幼兒園、社區公共保母3處、青年創業、身障日間作業設施。

7. 北投區奇岩社會住宅：托嬰中心、北投區清潔隊光明分隊。

8. 內湖區瑞光社會住宅：計程車休憩站、社區公共托育家園、內湖老人日照中心、內湖松山區身障資源中心、身障日間作業設施、清潔隊、超市。

9. 中山區錦州街基地：區民活動中心、非營利幼兒園、身障日間機構、老人活動據點、社區公共保母、中山區居家托育服務中心。

可發現包含著不同年齡層的需求，空間需求的樓地板面積也不同，對於服務設施考量的彈性。

（四）臺北市社會住宅社區營運管理要點

為協調、處理社會住宅社區權狀登記共有部分之營運管

理事務，訂定該要點。工作小組由各權管機關指派 1 名機關人員組成，並由召集機關指派之人員擔任召集人，視實際需要召開工作小組會議。社區共同事務經工作小組討論無法獲致共識時，召集人應報請召集機關邀請各權管機關研商；如仍未能定案時，由召集機關簽報臺北市政府核派副秘書長以上人員協調之。工作小組職務包括決議共同事務應興革之事項、決議社區住戶代表提案事項。召集機關應負責共有部分之清潔、維護、修繕、管理及一般改良，並得視社區實際需求委託相關廠商辦理[92]。

三、案例分析

　　本階段臺北市社會住宅政策，強調循環經濟與公辦都市更新，以帶動地區再生[93]，為了去除社會住宅的污名化，會強調建築物的環境監控、安全防災、智慧整合管理平台、停車場管理、智能宅管、資通訊系統、健康照護、影像監視系統（圖 4－1），將智慧化、社區照顧等思維進行連結。

臺北市廣慈博愛院基地公共住宅模型　臺北市內湖區瑞光公共住宅模型

圖 4－1 臺北市公共住宅展，2018

資料來源：本研究自行拍攝。

92　臺北市政府，2019，〈臺北市社會住宅社區營運管理要點〉。
93　臺北市都市發展局，2018，《臺北市社會住宅展簡介》。

（一）臺北市興隆一區社會住宅

2018 年訪問東和物業管理公司人員，表示此案是由安康平價住宅於 2013 年改建，兩棟地上 19 層，地下 3 層，提供 4 種不同房型出租，並取得「綠建築證書銀級」。

分析空間設計特色包括室內空間採用通用設計手法，導入智慧電網及智慧電表，在屋頂架設太陽能板，並有屋頂花園，地下室提供電動汽車充電區及無障礙機車停車位。

室內廚房

室內浴廁

屋頂架設太陽能板及種植蔬菜

一樓入口寬敞門廳

圖 4-2 臺北市興隆一區社會住宅

資料來源：本研究自行拍攝。

（二）臺北市興隆二區社會住宅

此案主要特色在12樓設置運動場，提供社區居民使用，主要社會福利設施包括老人日間照顧中心、托嬰中心、工坊、社區關懷據點、身心障礙團體家庭及青少年自立住宅。

2018年訪問臺北市興隆老人日間照顧中心，此中心由中華民國紅心字會承辦，有食堂提供長輩共餐服務，室內設計具懷舊感，以照顧高齡失智者。

社會住宅走廊

社會住宅十二樓運動場

日照中心之植物區

日照中心之模仿樟樹步道

圖4-3臺北市興隆二區社會住宅

資料來源：本研究自行拍攝。

（三）臺北市青年社會住宅一期

此案特色為基地創造可穿透的動線，將青年公園之綠意引入。經 2022 年現場調查發現基地留設綠地及老樹植栽，1 樓設有區民活動中心，提供鄰里多元的社區服務，另結合公辦民營托嬰中心，形成健全的混居共生社區，並於屋頂及中庭設置社區農園及休閒空間[94]。

區民活動中心

托嬰中心

中庭空間
開放空間
圖 4－4 臺北市青年社會住宅一期
資料來源：本研究自行拍攝。

94　九典聯合建築師事務所，2017，〈臺北市萬華公營出租住宅〉。

（四）臺北市松山區健康社會住宅

此案基地原為台北市婦聯五村，2022 年現場調查發現設計特色包括融入婦聯五村遺跡的保護、立體綠化量、回收再生建材、預鑄工法乾式施工。採用智慧電表，並獲工業技術研究院補助為「AMI 及用戶端整合示範案」之示範場域，規劃設計階段透過 BIM 軟體進行對專案基地的外部訊息掌握及分析，並對設計進行輔助，決定建築量體、方位、開口、遮陽、視覺等，建立結構、機電之設計，同時參與設計修正討論，透過協同作業方式共同進行細部設計[95]。

住民的文字轉化為公共藝術

婦聯五村遺跡轉化為公共藝術

室內公共休憩空間

日間照顧中心

圖 4 - 5 臺北市松山區健康社會住宅

資料來源：本研究自行拍攝。

95　九典聯合建築師事務所，2017，〈臺北市松山區健康公共住宅〉。

貳、新北市政府

一、社會住宅政策執行

2016 年 2 月通過《都市計畫法新北市施行細則》修正條文，公有土地興辦社會住宅容積上限提高為 1.5 倍至 2 倍，民間若以捐贈社會住宅為優先序位，最高為 1.2 倍容積[96]。

2016 年 5 月新北市打算從四大面向廣設只租不售的社會住宅，包括利用國有地興建、機關用地改建、重劃區公共設施保留地興建及建商以獎勵容積興建[97]。

2016 年 5 月新北市首創結合永和秀朗派出所之青年社會住宅，1 到 4 樓是派出所，5 樓是警員備勤宿舍及住宅交誼廳，6 到 9 樓提供 36 戶社會住宅[98]。

2016 年 8 月為鼓勵房東釋出空屋參加包租代管，政府免費幫提供房屋的房東投保居家安全綜合保險[99]。

2016 年 8 月全台首座 BOT 模式興辦的三重青年社會住宅，要讓民眾「一只皮箱就入住」[100]。

96　陳珮琦，2016，〈民間捐社宅 最高可獲 1.2 倍容積〉，《聯合報》，2/17，B1。

97　孟祥傑，2016，〈多元蓋社會宅 朱立倫衝刺 7000 戶〉，《中國時報》，5/18，A4。

98　魏莨伊，2016，〈1 到 4 樓警用 6 到 9 樓只租不賣 派出所、社宅共構 明年可入住〉，《聯合報》（地方版），6/27，B2；孟祥傑、王姿琳，2016，〈朱立倫籲：鬆綁大型國有地禁售令 目前 500 坪以上僅能採地上權、BOT 招標，應因地制宜放寬來活絡地方〉，《工商時報》，5/4，A5。

99　邱金蘭，2016c，〈鼓勵釋出空屋 包租代管還提供免費保險〉，《經濟日報》，8/12，A2。

100　譚宇哲，2016，〈首座 BOT 最快 11 月可入住 三重青年社宅亮相 租金 6200 元起〉，《中國時報》，8/11，A7。

2017 年 2 月新北市政府構想的青年社會住宅，包括進行食農教育、青銀共居、課後伴讀及社福共餐[101]。

2017 年 3 月新北市新店中央新村北側青年社會住宅成為以區段徵收土地興建社會住宅的首例[102]。

相較於前一次市長選舉，社會住宅未被視為重要的選舉議題。

二、相關法令

為執行社會住宅政策，新北市政府訂定相關重要法規，分析如下。

（一）新北市社會住宅都市設計審議原則

主要為提升規劃品質，加速社會住宅都市設計審議時程，適用範圍包括政策性推動之青年住宅或出租住宅，以及公辦都市更新、公益設施獎勵提供之社會住宅等[103]。

（二）新北市政府辦理社會住宅及其附屬設施空間專案提供使用作業要點

主要為使社會住宅及其附屬設施空間，經專案核准提供使用事項有所依循，以提升運用效益。適用之範圍為新北市興辦並委由新北市住宅及都市更新中心營運管理之社會

---

101 但部分住民認為社會住宅租金負擔仍吃重。並有中和青年社會住宅優先承租戶上網轉租社會住宅。資料來源：王敏旭，2017，〈新店央北社宅 將建 4 棟 1070 戶 首創區段徵收土地興建 預計 2019 年底完工 未來距環狀捷運線十四張站步行約 10 分鐘〉，《聯合報》（地方版），3/16，B2。

102 王敏旭，2017，〈新店央北社宅 將建 4 棟 1070 戶 首創區段徵收土地興建 預計 2019 年底完工 未來距環狀捷運線十四張站步行約 10 分鐘〉，《聯合報》（地方版），3/16，B2。

103 新北市政府，2015，〈新北市社會住宅都市設計審議原則〉。

住宅及其附屬設施空間，該府所屬各機關得按其業務需要，以自行管理或委外方式，就社會住宅及其附屬設施空間，簽報專案核准提供公益服務使用 [104]。

（三）新北市社會住宅規劃設計基準需求表

規定基本設計原則，包括居住單元房型、坪數（主建物實坪面積）、格局、居住單元配比、停車空間、住宅設計及設備需求 [105]。

104　新北市政府，2021a，〈新北市政府辦理社會住宅及其附屬設施空間專案提供使用作業要點〉。

105　新北市政府，2021b，〈新北市政府辦理社會住宅及其附屬設施空間專案提供使用作業要點〉。

三、案例分析

（一）新北市中和青年社會住宅

此案是青年住宅營運移轉案，2018 年訪談新北市政府股長表示，該社會住宅由日翔租賃興業股份有限公司管理，市府與物業公司契約期限共計 70 年。設計特色為室內空間提供固定式家具，廚房櫥櫃採用通用設計，管線採明管配置。公共設施多元，包括兒童遊戲場、健身中心、公共廚房、上課教室，社區照顧空間有公共托育中心、市民活動中心。住戶管理透過物業管理公司協助。

一樓室內公共多功能活動空間

建築物室內中庭

門廊設計現代感

入口服務櫃檯

圖 4－6 新北市中和青年社會住宅

資料來源：本研究自行拍攝。

（二）新北市永和秀朗派出所青年社會住宅

　　將原永和秀朗派出所拆除後重新興建，第1樓至第4樓作為永和秀朗派出所使用，第5到第9層樓作為青年社會住宅。2018年現場訪問新北市城鄉發展局股長表示，此案8戶1房1廳將作為婦女協助專案使用，由社會局經營管理，此外28戶對外招租。設計特色為設置室內環境控制監控設備，管線採明管配置，公共空間有會議空間及休憩空間，並有1位管理員協助社區維護。

管理室

室內會議公共空間

室內環境監控設備

室內廚房與浴廁

圖4-7 新北市永和秀朗派出所青年社會住宅

資料來源：本研究自行拍攝。

（三）新北市三重青年社會住宅

　　本案 2022 年經訪談了解，是委託日勝生集團的「日翔租賃興業股份有限公司」興建及營運管理，為青年住宅示範社區，有黃金級綠建築、銅級智慧建築及通用設計標章，此社會住宅提供里辦公處，基本傢俱皆具備。

建築外觀

建築外觀

租賃服務中心

社會住宅的人行道

圖 4－8 新北市三重青年社會住宅

資料來源：本研究自行拍攝。

（四）新北市林口世大運選手村社會住宅

　　此案共有 34 棟地上建築，共分 A、B、C、D 四塊基地，每戶房型不同，可住 3 到 7 人，約可容納 1 萬人[106]。經 2021 年現地調查發現，該社會住宅有日照中心、幼兒園及庇護工場，其中幾棟運用為「國際創業聚落」，提供基本設施設備。

半戶外活動空間

戶外空間

自動監測系統

浴廁設計

圖 4-9 新北市林口世大運選手村社會住宅

資料來源：本研究自行拍攝。

---

[106] 國家住宅及都市更新中心，2022，〈林口世大運選手村 A 區服務平台〉。

（五）新北市新店央北社會住宅

　　此案以區段徵收取得可建築用地，提供約 1.5 公頃住宅區土地興辦，建築規模為 4 棟建物，地上 18－21 層，共 1,070 戶 [107]。經 2021 年現地調查發現，設計特色為 1 樓至 4 樓作為身心障礙者社區居住服務場所、兒少照顧處所、婦女自力宿舍、照顧兒少類家庭及跨世代青銀共居。另保留部分戶數，作為都市更新及區段徵收安置計畫使用，房型規劃為 1 房（70%）、2 房（20%）、3 房（10%），其中提供 5% 為無障礙住宅。

戶外空間

室內活動空間

屋頂花園

監控中心

圖 4－10 新北市新店央北社會住宅

資料來源：本研究自行拍攝。

107　新北市政府，2022，〈新店中央新村北側青年社會住宅〉。

參、桃園市政府

一、社會住宅政策執行

2016 年 3 月都市發展局宣布將在蘆竹區招標社會住宅[108]。

2016 年 4 月市長鄭文燦為落實居住正義政見，首批由市府興建的 3,300 戶社會住宅將發包興建，成為只租不售，照顧青年、勞工及弱勢家庭需求的樂活住宅[109]。

2017 年 7 月八德二號社會住宅開工，桃園市將以興建 1 萬 5 千戶社會住宅為目標，以照顧年輕人和弱勢族群。桃園住宅發展處表示，社會住宅的動工可幫小英政府兌現支票，桃園市執行進度穩定，有信心達成目標[110]。

2018 年 12 月市長鄭文燦認為人生的價值不該被貶值為買一棟房子！居住是基本需求，落實後民眾才能繼續追求更大夢想。桃園分階段自行興建 1 萬 2,000 戶社會住宅，2019 年將陸續完工[111]。

二、案例分析

桃園市八德一號社會住宅由張弘鼎建築師事務所設計，經 2021 年現地調查，共 3 棟，地下 3 樓，地上 18 樓，418 戶社會住宅單元，6 戶為商業空間，1 戶為里民活動中心，設置供餐服務據點，1 樓設置庇護工場，與周邊社區共

---

108 游文寶、施鴻基，2016，〈社宅包租包管 下月蘆竹試辦〉，《聯合報》（地方版），3/23，B2。

109 游文寶，2016，〈願景在地 新局‧新希望 桃園篇 市長做 3300 戶社宅 即將發包〉，《聯合報》（地方版），4/11，B1。

110 許政榆，2017，〈桃社宅動土 後年底完工〉，《聯合報》（地方版），7/22，B2。

111 賴佑維、邱立雅，2019，〈鄭文燦出任蔡全競總總督導 蔡打包票社會住宅 8 年 20 萬戶〉，《中國時報》，12/2，A2。

享社會福利資源。有黃金級綠建築標章、耐震標章、無障礙住宅標章及銅級智慧建築標章，通過住宅性能評估。設計特色將建築物北側的傳統建築以綠色廊道銜接，1樓西側作為社區活動空間，南側設置開放空間，結合自行車道及里民活動中心。

建築外觀

廚房

陽台

室內

圖4－11 桃園市八德一號社會住宅

資料來源：本研究自行拍攝。

肆、臺中市政府

一、社會住宅政策執行

　　2016年2月市長林佳龍決定在靠近臺中七期豪宅區建

社會住宅，採 BOT[112]。

2016 年 4 月臺中市西屯區興建社會住宅，將採 BOT 方式，由民間出資興建，但可經營附屬商業空間[113]。

2016 年 9 月採用 BOT 模式辦理臺中市西屯區惠來厝段社會住宅興建案[114]。

2016 年 10 月成立「臺中市住宅基金」，推動 8 年 1 萬戶社會住宅[115]。

2016 年 10 月將在北屯區北屯段推出社會住宅，以「臺中市住宅基金」向銀行貸款方式籌措經費[116]。

2017 年 2 月臺中精密機械科技創新園區訴求生產、生活與生態「三生一體」，園區採預售及同步建廠，並以容積獎勵推動勞工與社會住宅等規劃[117]。

112　陳宛茜，2016，〈臺灣現象 窮老負擔不起 社宅租金如天價〉，《聯合報》，2/5，A3；陳秋雲，2016a，〈讓豪宅區不只有錢人可住 林佳龍團拜：七期將建社會住宅〉，《聯合報》（地方版），2/18，B2。

113　洪敬浤，2016，〈西屯社宅 BOT 可蓋商場 議員質疑 議員：恐衝擊周邊交通 租金變高 承租戶可能繳不起房租 都發局：不會變大型商場 交通已納規劃〉，《聯合報》（地方版），4/3，B2。

114　劉朱松，2016a，〈全台首例 將興辦 300 戶！最低民間投資金額 11 億 特許年期 53 年！盼建商、壽險踴躍投標 臺中採 BOT 模式蓋社會宅〉，《工商時報》，9/21，A4。

115　陳秋雲，2016b，〈為推 8 年 1 萬戶社宅 市府爭設住宅基金 計畫明年提撥 4 億元 確保財源穩定 藍營議員批規避監督 綠營說還在摸索階段 有基金保障才放心〉，《聯合報》（地方版），10/26，B2。

116　劉朱松，2016b，〈斥資 5 億 中市建第 4 處社會住宅〉，《聯合報》（地方版），10/28，A23。

117　宋健生，2016，〈林佳龍 推創業補助 助青年追夢 每人每月補貼 3.3 萬元，同時打造三大基地，培育大夢想家〉，《經濟日報》，1/12，A17。

2017 年 7 月臺中市政府推動的社會住宅，強調會吸引有想法的建築師投入 [118]。

2017 年 7 月臺中市政府成立住宅發展工程處，首要任務為興建社會住宅，力拚兌現政見 [119]。

2017 年 10 月通過《臺中市社會住宅興辦及公益出租人出租房屋優惠地價稅房屋稅自治條例》草案，出租人每房每月最高可減免稅金近萬元 [120]。

2018 年 4 月臺中市都市發展局局長王俊傑表示，租金補貼有去無回，蓋社會住宅才是解決之道 [121]。

2019 年 1 月臺中市育賢二期社會住宅新建工程舉辦動土儀式，市長盧秀燕向內政部常務次長林慈玲要求中央補助興建費一半，她強調中央多補助一些，能讓地方蓋得更多、更快及更好 [122]。

二、案例分析

（一）臺中市太平育賢社會住宅第一期

此案獲 2020 年「臺灣建築獎」佳作，並於 2020 年 12 月底獲得第 20 屆「公共工程金質獎」優等，入圍「臺中市

118　洪敬浤，2017，〈名建築師打造 社宅與國宅大不同〉，《聯合晚報》，7/3，B7。

119　洪敬浤，2017，〈名建築師打造 社宅與國宅大不同〉，《聯合晚報》，7/3，B7。

120　陳秋雲，2017，〈臺中獎社宅 每月省稅可達萬元〉，《聯合報》（地方版），10/26，B2。

121　喻文玟、鄭維真、王敏旭，2018，〈臺中不跟進「社宅才是解方」〉，《聯合報》，4/12，A8。

122　馮惠宜，2019，〈落實英政見 中市社宅動土 燕向中央喊話 興建費補助一半〉，《聯合報》，1/28，A2。

都市空間設計大獎」[123]。

　　經 2023 年現場調查，除了一般性的交誼空間、公共客廳、屋頂花園、屋頂農場、階梯廣場等空間的使用外，藉由底層 1 樓及 2 樓的挑空，置入 1 層樓高錯置的盒狀空間（供社福設施與青創商店進駐），並以 2 樓的空橋串連各獨立盒狀空間的露臺花園與大平台，與 1 樓景觀共同形塑了一個立體性的開放空間，創造了一個 2 樓的空中遊廊，其間置入社區交誼廳[124]。

戶外空間

入口大門

側門入口

半戶外活動空間

圖 4-12 臺中市太平育賢社會住宅第一期

資料來源：本研究自行拍攝。

123　簡學義，2021，〈臺灣「社會住宅」的省思〉。
124　簡學義，2021，〈臺灣「社會住宅」的省思〉。

（二）臺中市大里光正段社會住宅第一期

經 2023 年現地調查，此案特色為立面設計細格柵垂直性跳躍式分割立面，使光線間接透入住宅單元。住戶陽台有金屬格柵做為牆體，有利通風、採光、遮擋曬衣及冷氣主機。建築配置為 2 棟建築物，圍塑出社區開放空間、社區綠地和商業開放空間，並將社區活動與兒童遊戲空間串聯成社區活動帶。

此案對外的公共空間做農夫市集或跳蚤市場使用，戶外植栽利用雨水回收系統再利用來澆灌養護，對內的公共空間提供社區集會及休閒使用，地下 1 樓規劃下凹廣場，可舉辦節日活動或大型的社區住戶會議，並兼作地下停車場自然通風與採光環境。2 樓以上每個樓層皆設置部分挑空 2 層的開放空間，規劃為垂直綠帶，挑空空間內種植櫸木，以利建築降溫及提供住戶走廊通風與採光。走廊平台做為住戶交誼使用。屋頂規劃菜園，提供住戶種菜苗圃使用，並藉土壤層之覆土深度，降低屋頂層的傳熱效果[125]。

正立面　　　　　　　　　　　入口庭院

125　林志成建築師事務所，2020，〈臺中市大里光正段社會住宅（第一期）〉。

立面開口設計　　　　　　　　細部設計

圖 4-13 臺中市大里光正段社會住宅第一期

資料來源：本研究自行拍攝。

伍、高雄市政府

2016 年 6 月高雄市政府租用台電公司位於鳳山五甲社區公寓，做為公共出租住宅[126]。

2017 年 11 月高雄市政府宣布啟動「凱旋青樹社會住宅」[127]。

2019 年 7 月首座新建社會住宅開工，屆時可照顧弱勢市民及青年住居需求[128]。

126　顏瑞田，2016b，〈高市府創舉 包租代管興辦社宅〉，《工商時報》，6/28，A17。

127　顏瑞田，2017，〈高雄打造共合社會住宅 2 年 4 案訴求去標籤化，首宗「凱旋青樹」社宅昨啟動，明年也將推動另 3 個社會宅〉，《工商時報》，11/24，A20。

128　吳江泉，2019，〈高市首座新建社宅開工照顧市民需求〉，《中國時報》，7/21，C7。

陸、其他縣市

逐漸辦理社會住宅的興建，例如：

1. 2016 年 7 月南投縣政府表示，將在南投警分局後側的老舊宿舍區和停車場空地興建社會住宅 [129]。

2. 2016 年 10 月苗栗縣政府配合中央社會住宅政策，射出「3 支箭」，希望透過都市計畫容積移轉獎勵，吸引建商參與，都市設計審議委員會通過 1 案回饋住宅基金 50 萬元，2 案回饋 120 萬元 [130]。

3. 2017 年 12 月苗栗縣政府選定竹南國有地及舊衛生局等用地規畫社會住宅 [131]。

4. 2017 年 3 月臺東縣安居家園社會住宅動工，將興建 2 棟 43 戶提供有需求的家庭租住，租金相當於市價的 5 折至 6 折，最長可租 6 年 [132]。

5. 2021 年 6 月國家住都中心推出雲林縣社會住宅統包工程「斗六好室」[133]。

129　張家樂，2016，〈只租不售！縣府將蓋 200 戶社會住宅 南投警分局後側舊宿舍、停車場閒置地改建 生活機能佳 向中央籌得經費即可動工〉，《聯合報》（地方版），7/19，B3。

130　范榮達，2016，〈推動社會住宅 縣府射「3 支箭」 開創住宅基金來源、選址縣有土地規畫社宅 提供整合住宅補貼 盼透過容積移轉獎勵 吸引建商參與〉，《聯合報》（地方版），10/19，B3。

131　黃瑞典，2017，〈蓋屋、包租代管 苗栗社宅雙管齊下〉，《聯合報》（地方版），12/7，B2。

132　李蕙君，2017，〈臺東社宅動工 43 戶供租〉，《聯合報》（地方版），3/2，B2。

133　蕭又安，2021，〈雲林縣「斗六好室」社宅統包工程招標〉。國家住都中心介入社會住宅的興建與管理，開始辦理社會住宅的公私有資產再利用、都市機能活化等目標。

柒、小結

由上述分析發現，地方政府社會住宅政策之執行有各式各樣的特色，此時期進行建築計畫的嘗試。另臺灣於 2016 年 12 月核定《長照十年計畫 2.0》，此是福祉政策重要的一步，目前建築學界開始討論提供給高齡者居住的社會住宅，政策上社會住宅的議題不會對高齡者特別強調，但會討論是否採用「青銀共居」的模式，隨著 2025 年臺灣邁入超高齡社會，高齡者居住到社會住宅的議題可能會越來越被重視。

由於社會住宅政策已執行，所以並未有太多的選舉議題討論。例如以第十五屆總統大選為例，柯文哲認為僅剩 4 年時間，要追趕 8 萬多戶社宅興建，加上未達成的 7 萬多戶的包租代管目標，民眾看到的依然只是政策畫大餅[134]。國民黨總統候選人韓國瑜競選辦公室舉行「那些年，宮廟總統開的芭樂票！」記者會，列出 10 項蔡英文總統跳票紀錄，包括「社會住宅 8 年 20 萬戶」，韓辦逐一檢視進度，發現若非掛零、不了了之，就是灌水或把責任推給在野黨。但此次大選，蔡政府選前都避談高房價問題，為避免影響選票，對房市問題都採「冷處理」方式。

第四節　小結

壹、政治過程

行政院為落實蔡英文總統競選政見，提出社會住宅配套法案，民進黨中常會下達指令，要求中央與地方通力合作，加速進行社會住宅所需土地、資金與制度調整。立法院通

134　張理國，2019，〈基隆包租代管夯 官員也好奇〉，《中國時報》，3/14，A13。

過《住宅法》修正案及《國家住宅及都市更新中心設置條例》草案。內政部制定法令及參考手冊，作為社會住宅設計管理、營建管理、營運管理及物業管理參考。地方政府社會住宅政策之執行有各式各樣的特色，但在直轄市長選舉及總統大選中，社會住宅政策議題與上一階段相比，在政策執行上較少爭論。

貳、經濟合理化過程

為達「八年興建二十萬戶社會住宅」目標，主要透過國有地活化採多元化方式進行，祭出租稅優惠，成立「社會住宅融資平台」，推出「包租代管」服務，通過住宅出租、內政部住宅審議會設置等辦法，啟動「社會住宅包租代管2.0」。社會住宅推動聯盟則認為住宅政策必須包含購屋、租屋以及住宅補貼等三大面向。

參、偏差與偏差動員

此階段社會住宅政策偏差的行為者主要為總統、政黨（國民黨、民進黨）、中央政府（行政院、立法院、內政部）、國家住宅及都市更新中心、臺北市政府、新北市政府、桃園市政府、臺中市政府、社會住宅推動聯盟、學者、民間建築業者、周邊相關居民及社會住宅入住者。

偏差動員形成主要包括中央政府部門落實蔡英文總統競選政見，修正《住宅法》之社會住宅條文，推動包租代管制度，地方政府進行相關創新方案試行，社會住宅推動聯盟從抗議政策到開始積極協助政府部門推動，國家住宅及都市更新中心成立作為協調平台，另高齡者及長期照顧議題開始受到重視，並考量納入社會住宅，地方政府並進行政策行銷。

　　偏差動員運作主要包括行政院核定「社會住宅中長期推動方案」及「整體住宅政策」，將社會住宅列入公共投資範圍，內政部研擬《住宅法》子法，擬訂社會住宅政策施政目標，立法院將「社會福利設施」列為都市計畫之公共設施等。

　　偏差動員變遷包括財政部釋出國有土地提供各地方政府興建社會住宅、內政部提出社會住宅建築設計建議、祭出減稅優惠、融資平台專案、照顧初入社會的年輕人以及弱勢家庭、推出包租代管服務、擬定社會住宅出租辦法草案、提出高齡友善住宅課題、啟動「社會住宅包租代管 2.0」等，社會住宅推動聯盟促成《住宅法》第二次修法，社會住宅類型開始呈現多樣化等。（表 4－10）

表 4－10：臺灣社會住宅政策偏差與偏差動員，2016－2020

項目		內容
偏差	行為者	1. 蔡英文總統。 2. 政黨（國民黨、民進黨）。 3. 中央政府（行政院、立法院、內政部）。 4. 國家住宅及都市更新中心。 5. 臺北市政府、新北市政府、桃園市政府、臺中市政府。 6. 社會住宅推動聯盟。 7. 學者。 8. 民間建築業者。 9. 周邊相關居民。 10. 社會住宅入住者。
偏差動員	形成	1. 落實蔡英文總統競選政見。 2. 中央修正《住宅法》之社會住宅條文，地方政府進行創新方案試行。 3. 社會住宅推動聯盟抗議社會住宅政策內容。 4. 考量興建的財政問題，推動包租代管制度。 5. 國家住宅及都市更新中心成立作為協調平台。 6. 考量社會住宅的附屬設施項目內容應符合需求。 7. 向國外社會住宅政策及案例經驗取經。 8. 辦理社會住宅展覽，進行政策行銷。 9. 要求社會住宅符合建築標章規定。
	運作	1. 中央政府 　（1）行政院提出社會住宅等配套法案、修正《住宅法》、核定啟動社會住宅融資服務平台、拍板國家住宅及都更中心設置條例、提供社會住宅優惠方案、核定「住宅計畫及財務計畫（108年至111年）」。 　（2）內政部社會住宅政策施政計畫變動。 　（3）內政部擬訂《住宅法》相關子法。

		（4）內政部營建署研擬社會住宅規劃設計興建及營運管理作業手冊。
		（5）民進黨於立法院提出「都市再生條例」草案，另立「公辦都更」專法。
		（6）立法院通過《住宅法》修正及社會住宅相關法案。
		2. 地方政府：修訂與社會住宅相關辦法、修正社會住宅出租辦法、擬訂社會住宅青年創新回饋計畫。
	變遷	1. 財政部釋出國有土地提供各地方政府興建社會住宅。
		2. 內政部提出社會住宅的能源管理及 BIM 推廣、重視建築設計特色、祭出減稅優惠、融資平台專案、照顧初入社會的年輕人以及弱勢家庭、推出包租代管服務、擬定社會住宅出租辦法草案、提到高齡友善住宅課題、啟動「社會住宅包租代管 2.0」。
		3. 社會住宅推動聯盟促成《住宅法》第二次修法。
		4. 地方政府面臨社會住宅人力短缺、管理、設計問題。
		5. 社會住宅政策開始緩慢擴散到六都其他縣市。
		6. 社會住宅的類型開始呈現多樣化。
		7. 學者對社會住宅政策抱持較多正面意見。
		8. 六都市長選舉及第十五屆總統大選，社會住宅政策議題熱度不高。
		9. 業者正負評價皆有。

資料來源：本研究整理。

第五章　　結論與建議

第一節　臺灣社會住宅政策之特殊性反思

　　社會住宅最初源於歐洲，因為都市化過程，住宅市場供需機能侷限，中低所得者買不起住宅，所以引起社會矛盾與政治衝突，經過一些有志之士的社會改革倡議後，政府以提供「只租不售」的社會住宅，來解決弱勢人民居住問題，但各個國家發展狀況各自不同。臺灣社會住宅政策執行在 2010－2020 年間不斷變動，處於初期的政策擬定及轉折時期。歸納特殊性如下。

　　一、臺灣社會住宅議題，經過多年醞釀，因社會住宅推動聯盟倡議而進行，2010 年馬英九總統回應社會住宅推動聯盟訴求，表示未來要興建只租不售的「社會住宅」開始，各界爭議不斷，而在蔡英文第十四屆總統大選擔任候選人時，結合民間團體相關意見，宣示 8 年內興建 20 萬戶只租不售的社會住宅政見，她當選總統後，中央政府開始力推社會住宅政策，後來成立國家住宅及都市更新中心協助推動，社會住宅政策逐漸步上正軌。在這個過程中，可看到政黨、第三部門、行政部門及立法部門的政策執行，以及

第三部門透過對政黨與政府部門的抗議、支持及協助執行方案等方式，來達成政策訴求與目標。

二、臺灣社會住宅政策最開始在臺北市、新北市，然後擴展到桃園市、臺中市，再往非六都的直轄市擴散，此與最初考量都市人口多，住宅房價高，年輕人無法買得起房子有關，但因為總統大選、縣市長選舉及政黨競爭，影響社會住宅政策執行，後來政府透過政策制定及修法，並與第三部門保持合作關係，社會住宅政策抗議的力量才逐漸緩解。

三、臺灣社會住宅政策未來將持續作為地方治理重要政策方向，全球民主國家公共治理已逐漸走向公民社會中心主義，第三部門蓬勃發展，中央政府需調整與地方政府和公民社會的角色關係，臺灣未來社會住宅政策治理將在中央政府與地方政府更具彈性，包括第三部門倡議的合住式住宅、青銀共居、住宅合作社、青年創新計畫及長照 2.0 計畫結合社區照顧融入社會住宅，都將成為重要議題。

第二節　臺灣社會住宅政策之偏差與偏差動員反思

本研究透過「行為者」及「偏差動員」之形成、運作及變遷，對社會住宅政策進行分析，發現要明顯界定「行為者」及區隔「偏差動員」的「形成」、「運作」與「變遷」是不易的，但此分析觀點，有助靈活看到行為者在政策間穿透的過程。

今日中央與地方政府的公共治理轉向公私夥伴關係，在臺灣半總統制的憲政體制中，由於行政權二元化，存在著行政院長與總統兩位行政首長，因此不僅行政院之下所屬機關是行政機關，總統之下所屬機關亦是行政機關，在這

樣的體制下，總統與行政院都直接影響著社會住宅政策走向，也成為社會住宅政策「偏差」的重要行為者。

執行社會住宅的「行政部門」，包括行政首長及所屬的政務官，考量的是政治性內容，「事務部門」負責政策執行，因事務部門擁有專業知識及政策資訊，能夠篩選自身偏好的資訊提供給政務官，故會影響高階文官對社會住宅政策方案的決定，並成為社會住宅政策建議的主要來源。

作為中央政府與地方政府的事務部門（例如內政部營建署、臺北市政府都市發展局）負有政策執行與政策建議的職責，並與社會住宅推動聯盟、建築業者等利益團體有所接觸，故執行過程中，也會將民間各種利益的表達，反應給政府高層人員與政務部門，這些都影響社會住宅政策走向。立法部門的不同黨派在社會住宅政策的「偏差動員」，則在制定法律及審查預算上。

政黨因需透過選舉取得政府執政的正當性與民意基礎，所以對於社會住宅政策上，國民黨與民進黨各階段提出不同的論述，表達了不同的利益彙整，從 2010 - 2020 年的政策執行過程中，社會住宅推動聯盟的訴求與民進黨的政策理念較為相近，而政黨在選舉競爭中提出的社會住宅訴求，也在選後成為政策實踐，此於第十四屆總統候選人蔡英文提出的「8 年興建 20 萬戶社會住宅」的選舉口號可明證，同時政黨會試圖透過媒體來形塑群眾對於社會住宅政策的政治態度，也逐漸將最初社會住宅是貧民窟的標籤化思維移除。

在 2010 - 2020 年間，作為社會住宅政策影響最大的利益團體是社會住宅推動聯盟，該聯盟也是許多不同形式的利益團體組成，在「偏差動員」的形成、運作及變遷中扮

演重要角色。此聯盟在政策倡議動員過程中，從較無組織的鬆散運作，轉變成有組織的緊密合作，並透過自身的論述來試圖影響總統選舉及六都首長選舉。然而該聯盟也會與政黨或地方政府保持合作關係，以推動社會住宅論述，並表達他們的利益需求。

社會住宅推動聯盟是有助於代表人民表達意見與追求利益，對政治的決策者而言，也透過社會住宅推動聯盟的訴求，了解不同於政府事務部門所提供的意見，尤其是弱勢者的聲音。另不同意見的利益團體（例如建築業者及不同立場的學者）多元的意見，也對社會住宅政策的執行產生制衡效果。可以說社會住宅政策是由分屬不同團體的菁英來主導掌控及互動，雖然在政府部門的少數菁英有較大權力，但也無法支配整個社會住宅政策的政治過程。

在社會住宅政策的政治權力運作上，包含社會住宅相關政策及法令的制定，一個重要的因素是中央政府確定不執行合宜住宅政策，社會住宅政策方被正視。

在社會住宅政策這 10 年轉變過程中，透過中央及地方政府去標籤化的宣傳，包括利用建築計畫、建築標章、社區營造及青創計畫等方式，稍微將社會住宅既有刻板印象抹除，但社會住宅資源分配，因面臨高齡社會現實處境，所以執行手段及目的開始滾動修正，在價值變動不定下，影響了決策者對社會住宅政策的決定。

臺灣的社會住宅政策最初受到國民住宅及合宜住宅政策的影響，是在整個政治結構互動過程中所形成，社會住宅政策受到社會的影響，並影響了社會，在此動態的過程中，可看到不斷演化改變，以維持其適應力。

透過本研究的討論，可看到社會住宅政策的「偏差動

員」的形成、運作與變遷，相關的偏差「行為者」是被臺灣政治、經濟及社會結構條件及社會網絡關係所結構化的，因不同的利益考量而形成的結果，而社會住宅政策的政治體制及經濟體制中的主要行為者互相穿透及互相影響，展現出各種行為者在自利動機下的複雜關係。

第三節　臺灣社會住宅政策未來建議

本研究對未來社會住宅政策的執行提出一些建議意見。

一、建議未來社會住宅政策重視府際治理

影響社會住宅政策的行為者，除了掌握政治資源的總統、中央政府及地方政府外，還包括社會住宅推動聯盟。現行社會住宅興辦由各地方政府來執行，但由於其服務社會與經濟弱勢對象的特殊性，具備政治性。

未來社會住宅政策跟民間社會仍將有緊密的聯結，地方政府執行社會住宅政策應更具動態、多元的發展。建議未來可考量府際治理之方式，因為府際治理具有跨區域性公共事務治理的本質，包括具有不可分割的公共性、跨越疆域的外部效益及政治性。

由於臺灣高房價問題無法立即獲得解決，且地方政府又面臨社會貧窮化，透過社會住宅政策照顧弱勢者，這樣的方式應會讓社會住宅的型態有所轉變，但是否會產生社會住宅住戶對於地方政府的依賴，弱勢者更不願改善自身經濟環境，則是另可探討之課題。

二、建議未來社會住宅政策重視社區照顧及物業管理

臺灣 2007 年推動「長期照顧十年計畫」（長照 1.0），在 2017 年通過「長期照顧十年計畫 2.0」（長照 2.0），2018 年臺灣已邁入高齡社會，2025 年將邁入超高齡社會，65 歲以上高齡者所占比率持續攀升，面臨人口高齡少子化趨勢極為嚴峻，高齡者困居在屋齡 30 年以上住宅的問題逐漸嚴重。

目前社會住宅所提供照顧之對象分為社經弱勢、身心弱勢及階段性弱勢，但未來將面臨醫療照護的需求與負荷增加、高齡獨居比例增加、醫療服務供給模式的改變、社區長照服務模式轉變的問題，社會住宅提供的服務與因應，本書提出下列看法：

（一）修正「社會住宅設施設備及社會福利服務協助項目規定」及「社會住宅必要附屬設施項目及規模」內容，未來社會住宅與長照政策結合需考量區域性整體照顧。

（二）社會住宅，採用更彈性的思維，應更重視社會住宅之公共空間與公設比的合理性，賦予社會住宅應有的空間品質及社群生活場域的豐富性。

（三）社會住宅目前並無公寓大廈管理委員會，因應超高齡社會來臨，高齡者與失智者的健康照護，需要考量使用者需求，加強醫療和社會福利體系之鏈結，重視失智失能者環境照顧設施，建議應讓建築下層裙樓與上層標準樓層空間的運用方式彈性化，並透過地方政府相關局處協調，以及與社區周邊居民的相互溝通，透過類似青創計畫的方式，考慮該社會住宅需求，藉由公共空間串聯社

區空間與住宅單元，使社會住宅配置充足的公共設施，納入都市計畫公共設施之公共服務體系。

（四）社會住宅未來的管理涉及物業管理的專業服務，建議可透過民間物業管理公司協助營運管理作業。

（五）社會住宅的青創計畫可透過社區中的活動彈性調整空間管理和規劃設計或改善使用機能，形塑居民參與社區公共事務，也可盤點社會住宅公共空間的使用機能和可以活用的方向，整合成主題性的社區行動。這樣的方式在未來社會住宅政策中將越來越被重視。而創新計畫在空間管理與規劃設計上能夠讓軟硬體設施保持彈性，未來可加強推廣執行。

附錄一 　《住宅法》之社會住宅相關條文，2011

第三章〈社會住宅〉

第 14 條　直轄市、縣（市）主管機關應評估社會住宅之需求總量、區位及興辦戶數，納入住宅計畫及財務計畫。

第 15 條　民間興辦社會住宅，應檢具申請書、興辦事業計畫及有關文件，向興辦所在地之直轄市、縣（市）主管機關提出申請。

直轄市、縣（市）主管機關受理前項申請，對申請資料不全者，應一次通知限期補正；屆期不補正或不符規定者，駁回其申請。

直轄市、縣（市）主管機關審查社會住宅申請興辦案件，得邀請相關機關或學者、專家，以合議制方式辦理；經審查符合規定者，應核准其申請。

直轄市、縣（市）主管機關應於受理申請之日起九十日內完成審查；必要時，得延長六十日。

第一項至第三項申請興辦應備文件、審查事項、核准、撤銷或廢止核准、事業計畫之內容、變更原核定目的之處理及其他應遵行事項之辦法，由中央主管機關定之。

第 16 條　民間興辦社會住宅之辦理方式，得以新建建築物，或增建、改建、修建、修繕同一宗建築基地之既有建築物等方式辦理。

前項新建建築物，其建築基地應符合下列規定之一：

一、在實施都市計畫地區達五百平方公尺以上，且依都市計畫規定容積核算總樓地板面積達六百平方公尺以上。

二、在非都市土地甲種建築用地及乙種建築用地達五百平方公尺以上。

三、在非都市土地丙種建築用地、遊憩用地及特定目的事業用地達一千平方公尺以上。

第 17 條　民間興辦之社會住宅，需用公有非公用土地或建築物時，得由公產管理機關以出租、設定地上權提供使用，並予優惠。

前項出租及設定地上權之優惠辦法，由財政部會同內政部定之。

民間需用基地內夾雜零星或狹小公有土地時，應由出售公有土地機關依讓售當期公告土地現值辦理讓售。

第 18 條　直轄市、縣（市）主管機關得補貼民間新建、增建、改建、修建或修繕社會住宅貸款利息、部分建設費用或營運管理費用。

第 19 條　直轄市、縣（市）主管機關得視民間新建、增建、改建、修建或修繕社會住宅資金融通之必要，向中長期資金主管機關申請提供中長期資金。

第 20 條　民間興辦之社會住宅於興建或營運期間，直轄市、縣（市）政府應課徵之地價稅，得予適當減徵。

前項減徵之期限、範圍、基準及程序之自治條例，由直轄市、縣（市）主管機關定之，並報財政部備查。

第 21 條　民間興辦之社會住宅，應由直轄市、縣（市）主管機關囑託地政機關，於建物登記簿標示部其他登記事項欄註記社會住宅。

前項社會住宅興辦人變更其原核定目的之使用時，應
將依本法取得之優惠及獎勵金額結算，報直轄市、縣
（市）主管機關核定，並繳交全數結算金額；其有入
住者應於安置妥善後，始得由該直轄市、縣（市）主
管機關囑託地政機關塗銷社會住宅之註記。

第一項社會住宅興辦人辦理所有權移轉時，應向主管
機關申請同意；同時變更原核定目的之使用者，並應
依前項規定辦理。

第二項及前項結算金額，應繳交該主管機關設置之住
宅基金；未設置住宅基金者，一律撥充中央主管機關
住宅基金。

第二項及第三項結算金額計算方式、計算基準、同意
條件、應檢具文件及其他應遵行事項之辦法，由直轄
市、縣（市）主管機關定之。

第 22 條　直轄市、縣（市）主管機關視社會住宅之需求情形，
　　　　　於必要時得依下列方式取得社會住宅：

一、新建。

二、利用公共建物增建、修建、修繕、改建。

三、接受捐贈。

四、租購民間房屋。

第 23 條　前條以新建興辦社會住宅之方式如下：

一、直接興建。

二、合建分屋。

三、設定地上權予民間合作興建。

四、其他經主管機關認定者。

第 24 條　直轄市、縣（市）主管機關依前條規定興辦社會住宅，
　　　　　需用非公用之公有土地或建築物者，得辦理撥用；因
　　　　　整體規劃使用之需要，得與鄰地交換分合。

前項之鄰地為私有者，其交換分合不受土地法第一百
零四條及第一百零七條之限制。

第 25 條　直轄市、縣（市）主管機關興辦之社會住宅，得保留一定空間供作社會福利服務或社區活動之用。

第 26 條　直轄市、縣（市）主管機關或民間興辦之社會住宅，應考量其租住對象之身心狀況、家庭組成及其他必要條件，提供適宜之設施或設備。
　　　　　前項設施、設備之項目，由中央主管機關定之。

第 27 條　直轄市、縣（市）主管機關興辦之社會住宅，得自行或委託經營管理。

第 28 條　社會住宅承租者，應以無自有住宅或一定所得、財產基準以下之家庭或個人為限。
　　　　　社會住宅承租者之申請資格、程序、租金計算、分級收費、租賃與續租期限及其他應遵行事項之辦法，由直轄市、縣（市）主管機關定之。
　　　　　前項租金之訂定，不適用土地法第九十七條之規定。

第 29 條　社會住宅之經營管理，得視實際需要，自行或結合物業管理及相關服務業，提供文康休閒活動、社區參與活動、餐飲服務、適當轉介服務、其他依入住者需求提供或協助引進之服務，並收取費用。
　　　　　前項費用之收取規定，社會住宅經營者應報當地直轄市、縣（市）主管機關備查。

第 30 條　直轄市、縣（市）主管機關應自行或委託機關（構）、學校、團體對社會住宅之經營管理者進行輔導、監督及定期評鑑；評鑑結果應公告周知。經評鑑優良者，應予獎勵。
　　　　　前項之評鑑及獎勵辦法，由中央主管機關定之。

第 31 條　民間興辦社會住宅因故無法繼續營業，社會住宅經營者對於其入住之具特殊情形或身分者，應即予以適當之安置；其無法安置時，由直轄市、縣（市）目的事業主管機關協助安置；經營者不予配合，強制實施之，並處新臺幣六萬元以上三十萬元以下罰鍰；必要時，

得予接管。

前項接管之實施程序、期限與受接管社會住宅之經營
權、財產管理權之限制及補助協助安置等事項之辦
法，由中央主管機關會商中央目的事業主管機關定
之。

第 32 條 社會住宅之承租人有下列情形之一者，經營管理者得
隨時終止租約收回住宅：

一、已不符承租社會住宅之資格。

二、將住宅部分或全部轉租或借予他人居住。

三、改建、增建、搭蓋違建、改變住宅原狀或變更為
居住以外之使用。

四、其他違反租約規定之行為，經通知後三十日內仍
未改善。

附錄二 《住宅法》之社會住宅相關條文，2021

第三章〈社會住宅〉

第 18 條 主管機關應評估社會住宅之需求總量、區位及興辦戶數，納入住宅計畫及財務計畫。

第 19 條 主管機關得依下列方式興辦社會住宅：

一、新建。

二、利用公有建築物及其基地興辦。

三、接受捐贈。

四、購買建築物。

五、承租民間住宅並轉租及代為管理。

六、獎勵、輔導或補助第五十二條第二項租屋服務事業承租民間住宅並轉租及代為管理，或媒合承、出租雙方及代為管理。

七、辦理土地變更及容積獎勵之捐贈。

八、其他經中央主管機關認定之方式。

民間得依下列方式興辦社會住宅：

一、新建。

二、增建、改建、修建、修繕同一宗建築基地之既有建築物。

三、購買建築物。

四、承租民間住宅並轉租及代為管理。

五、其他經中央主管機關認定之方式。

以第一項第五款或第六款方式，承租及代為管理者，不適用政府採購法規定。

第 20 條　主管機關新建社會住宅之方式如下：

一、直接興建。

二、合建分屋。

三、以公有土地設定地上權予民間合作興建。

四、以公有土地或建築物參與都市更新分回建築物及其基地。

五、其他經中央主管機關認定者。

第 21 條　主管機關依本法興辦社會住宅，需用公有非公用土地或建築物者，得辦理撥用。

主管機關依本法興辦社會住宅使用國有土地或建築物衍生之收益，得作為社會住宅興辦費用，不受國有財產法第七條規定之限制。

主管機關依本法興辦社會住宅，需用之公有非公用土地或建築物，屬應有償撥用者，得採租用方式辦理，其租期由中央主管機關定之，不受國有財產法第四十三條有關租期之限制。租用期間之地價稅及房屋稅，由主管機關繳納。但社會住宅興建期間之租金得免予計收。

興辦社會住宅所需土地因整體規劃使用之需要，得與鄰地交換分合。鄰地為私有者，其交換分合不受土地法第一百零四條及第一百零七條之限制。

第 22 條　社會住宅於興辦期間，直轄市、縣（市）政府應課徵之地價稅及房屋稅，得予適當減免。

前項減免之期限、範圍、基準及程序之自治條例，由直轄市、縣（市）主管機關定之，並報財政部備查。

第一項社會住宅營運期間作為居住、長期照顧服務、

身心障礙服務、托育服務、幼兒園使用之租金收入，及依第十九條第一項第五款、第六款或第二項第四款收取之租屋服務費用，免徵營業稅。

第一項及前項租稅優惠，實施年限為五年，其年限屆期前半年，行政院得視情況延長之。

第 23 條　主管機關為促進以第十九條第一項第五款、第六款或第二項第四款興辦社會住宅，得獎勵租屋服務事業辦理。

住宅所有權人依第十九條第一項第五款、第六款或第二項第四款規定將住宅出租予主管機關、租屋服務事業轉租及代為管理，或經由租屋服務事業媒合及代為管理作為居住、長期照顧服務、身心障礙服務、托育服務、幼兒園使用，得依下列規定減徵租金所得稅：

一、住宅出租期間所獲租金收入，免納綜合所得稅。但每屋每月租金收入免稅額度不得超過新臺幣一萬五千元。

二、住宅出租期間之租金所得，其必要損耗及費用之減除，住宅所有權人未能提具確實證據者，依應課稅租金收入之百分之六十計算。

前項減徵租金所得稅規定，實施年限為五年，其年限屆期前半年，行政院得視情況延長之。

住宅所有權人依第二項規定所簽訂之租賃契約資料，除作為同項租稅減免使用外，不得作為查核該住宅所有權人租賃所得之依據。

第 24 條　主管機關得視新建、購買、增建、改建、修建或修繕社會住宅資金融通之必要，自行或協助民間向中長期資金主管機關申請提供中長期資金。

第 25 條　社會住宅承租者，應以無自有住宅或一定所得、一定財產標準以下之家庭或個人為限。

前項社會住宅承租者之申請資格、程序、租金計算、分級收費、租賃與續租期限及其他應遵行事項之辦法

或自治法規，由主管機關定之。

社會住宅承租者之租金計算，中央主管機關應斟酌承租者所得狀況、負擔能力及市場行情，訂定分級收費原則，並定期檢討之。

第二項租金之訂定，不適用土地法第九十四條及第九十七條規定。

第 26 條　前條第三項屬依第十九條第一項第五款、第六款或第二項第四款興辦社會住宅者，主管機關得給予入住者租金補助。

第 27 條　民間興辦社會住宅，應檢具申請書、興辦事業計畫及有關文件，向興辦所在地之直轄市、縣（市）主管機關提出申請。

直轄市、縣（市）主管機關受理前項申請，對申請資料不全者，應一次通知限期補正；屆期不補正或不符規定者，駁回其申請。

直轄市、縣（市）主管機關審查社會住宅申請興辦案件，得邀請相關機關或學者、專家，以合議制方式辦理；經審查符合規定者，應核准其申請。

直轄市、縣（市）主管機關應於受理申請之日起九十日內完成審查；必要時，得延長六十日。

第一項至第三項申請興辦應備文件、審查事項、核准、撤銷或廢止核准、事業計畫之內容、變更原核定目的之處理及其他應遵行事項之辦法，由中央主管機關定之。

第 28 條　民間興辦之社會住宅係以新建建築物辦理者，其建築基地應符合下列規定之一：

一、在實施都市計畫地區達五百平方公尺以上，且依都市計畫規定容積核算總樓地板面積達六百平方公尺以上。

二、在非都市土地甲種建築用地及乙種建築用地達五百平方公尺以上。

　　三、在非都市土地丙種建築用地、遊憩用地及特定目
　　　　的事業用地達一千平方公尺以上。

第 29 條　民間興辦之社會住宅，需用公有土地或建築物時，得
　　　　　由公產管理機關以出租、設定地上權提供使用，並予
　　　　　優惠，不受國有財產法第二十八條之限制。
　　　　　前項出租及設定地上權之優惠辦法，由財政部會同內
　　　　　政部定之。
　　　　　民間需用基地內夾雜零星或狹小公有土地時，應由出
　　　　　售公有土地機關依讓售當期公告土地現值辦理讓售。

第 30 條　主管機關得補貼民間新建、增建、改建、修建、修繕
　　　　　或購買社會住宅貸款利息、部分建設費用、營運管理
　　　　　費用或其他費用。

第 31 條　民間興辦之社會住宅，應由直轄市、縣（市）主管機
　　　　　關囑託地政機關，於建物登記簿標示部其他登記事項
　　　　　欄註記社會住宅。但採第十九條第二項第四款興辦方
　　　　　式者，不在此限。
　　　　　前項社會住宅興辦人變更其原核定目的之使用時，應
　　　　　將依本法取得之優惠及獎勵金額結算，報直轄市、縣
　　　　　（市）主管機關核定，並繳交全數結算金額；其有入
　　　　　住者應於安置妥善後，始得由該直轄市、縣（市）主
　　　　　管機關囑託地政機關塗銷社會住宅之註記。
　　　　　前項優惠及獎勵金額，於自營運核准日起，至營運終
　　　　　止日止之期間取得者，得不納入計算。
　　　　　第一項社會住宅興辦人辦理所有權移轉時，應向主管
　　　　　機關申請同意；同時變更原核定目的之使用者，並應
　　　　　依第二項規定辦理。
　　　　　第二項及前項結算金額，應繳交該主管機關設置之住
　　　　　宅基金；未設置住宅基金者，一律撥充中央主管機關
　　　　　住宅基金。
　　　　　第二項及第四項結算金額計算方式、計算基準、同意
　　　　　條件、應檢具文件及其他應遵行事項之辦法，由直轄
　　　　　市、縣（市）主管機關定之。

第 32 條　民間興辦社會住宅因故無法繼續營運，社會住宅經營者對於其入住之經濟或社會弱勢者，應即予以適當之安置；其無法安置時，由直轄市、縣（市）目的事業主管機關協助安置；經營者不予配合，強制實施之；必要時，得予接管。

前項接管之實施程序、期限與受接管社會住宅之經營權、財產管理權之限制及補助協助安置等事項之辦法，由中央主管機關會商中央目的事業主管機關定之。

第 33 條　為增進社會住宅所在地區公共服務品質，主管機關或民間興辦之社會住宅，應保留一定空間供作社會福利服務、長期照顧服務、身心障礙服務、托育服務、幼兒園、青年創業空間、社區活動、文康休閒活動、商業活動、餐飲服務或其他必要附屬設施之用。

前項必要附屬設施之項目及規模，由中央主管機關公告之，並刊登政府公報。

第 34 條　主管機關或民間興辦之社會住宅，應考量其租住對象之身心狀況、家庭組成及其他必要條件，提供適宜之設施或設備，及必要之社會福利服務。

前項設施、設備及社會福利服務協助之項目，由中央主管機關定之。

第 35 條　主管機關興辦之社會住宅，得自行或委託經營管理。非營利私法人得租用公有社會住宅經營管理，其轉租對象應以第四條所定經濟或社會弱勢者為限。

第 36 條　社會住宅之經營管理，得視實際需要，自行或委託物業管理及相關服務業，提供文康休閒活動、社區參與活動、餐飲服務、適當轉介服務、其他依入住者需求提供或協助引進之服務，並收取費用。

前項費用之收取規定，社會住宅經營者應報當地直轄市、縣（市）主管機關備查。

第 37 條 主管機關應自行或委託機關（構）、學校、團體對社會住宅之經營管理者進行輔導、監督及定期評鑑；評鑑結果應公告周知。經評鑑優良者，應予獎勵。
前項之評鑑及獎勵辦法，由中央主管機關定之。

第 38 條 社會住宅之承租人有下列情形之一者，經營管理者得隨時終止租約收回住宅：
一、已不符承租社會住宅之資格。
二、將住宅部分或全部轉租或借予他人居住。
三、改建、增建、搭蓋違建、改變住宅原狀或變更為居住以外之使用。
四、其他違反租約中得終止租約收回住宅之規定。
承租人因前項情形由經營管理者收回住宅，續因緊急事件致生活陷於困境者，經營管理者應通報社政主管機關協助之。

參考文獻

一、中文部分

工商時報，2017，〈《社論》期待都市更新的再出發〉，《工商時報》，5/16，A2。

九典聯合建築師事務所，2017，〈臺北市萬華公營出租住宅〉，建築師雜誌網頁，http://www.twarchitect.org.tw/special/%E8%87%BA%E5%8C%97%E5%B8%82%E8%90%AC%E8%8F%AF%E5%8D%80%E9%9D%92%E5%B9%B4%E5%85%AC%E5%85%B1%E4%BD%8F%E5%AE%85/?doing_wp_cron=1627874058.2416789531707763671875，2023/10/14。

九典聯合建築師事務所，2017，〈臺北市松山區健康公共住宅〉，建築師雜誌網頁，http://www.twarchitect.org.tw/special/%E8%87%BA%E5%8C%97%E5%B8%82%E6%9D%BE%E5%B1%B1%E5%8D%80%E5%81%A5%E5%BA%B7%E5%85%AC%E5%85%B1%E4%BD%8F%E5%AE%85/，2021/10/14。

王玉樹，2014，〈營建署將與建商合作推出 小坪數住宅 只租不售〉，《中國時報》，1/28，A6。

王志煌，2014，〈吳志揚力推 桃園 1515 住宅計畫 1 萬戶以上社會住宅 5 千戶租金補貼 15 億元住宅基金提撥〉，《工商時報》，7/22，A6。

王長鼎，2015，〈朱立倫：若接受地上權 推公宅較易〉，《聯合報》，9/25，B1。

王南喻、劉峰旗、黃志仁、張煜明，2020，〈誰需要社會住宅？〉，《住宅學報》，（2）：99–129。

王信人，2011，〈蓋社會住宅 北市自編預算〉，《工商時報》，8/14，A4。

王信人、蔡惠芳，2010，〈傾向政商合建 政府出地、建商出資合建，1,661 戶住宅政商將採六四分，預計明年底動工，一年半可完工；房地產業者呼籲當局做好配套規劃〉，《工商時報》，11/16，A4。

王莫昀，2011a，〈「亂拳打死老師傅」 馬住宅政策 住盟：口水多過牛肉〉，《中國時報》，8/27，A6。

王莫昀，2011b，〈政院版住宅法 房價過熱區 優先蓋社會住宅 今年目標 2600 戶 育有子女家庭優先租用 以補貼鼓勵民間興建 但住宅品質須達定義標準〉，《中國時報》，8/23，A6。

王莫昀，2011c，〈平抑房價？學者：可賣斷 玩假的〉，《中國時報》，7/9，A3。

王莫昀，2012a，〈李鴻源「新解」大臺北區 盼擴大至中壢以北 優惠通勤族房貸 擬再補貼捷運票價〉，《中國時報》，2/22，A8。

王莫昀，2012b，〈雙北共管社會住宅 強制遷惡鄰 臺北市邀營建署、國產局與新北市府 成立物業管理公司 負責清潔、保全等業務 5 處 1661 戶希望年底能發包開工〉，《中國時報》，3/16，A10。

王莫昀，2013a，〈平價公營出租宅 三都將蓋萬戶〉，《中國時報》，1/31，A8。

王莫昀，2013b，〈6千戶社會住宅 來了〉，《中國時報》，1/14，A1。

王莫昀，2017，〈小英就職周年房產政策亂業界批：5缺點2迷失0喝采〉，《中國時報》，5/17，A9。

王莫昀、林倖妃，2006，〈住宅法草案 明訂「反住宅歧視」〉，《中國時報》，11/12，A5。

王敏旭，2017，〈新店央北社宅 將建4棟1070戶 首創區段徵收土地興建 預計2019年底完工 未來距環狀捷運線十四張站步行約10分鐘〉，《聯合報》（地方版），3/16，B2。

王柔婷，2015，〈柯P拋美河市社宅 住戶問合法嗎 北市擁有A、D棟 擬做社宅、住辦合一 跨區事務片面決定 引發反彈 管委會要「求見」雙北市長協商〉，《聯合報》（地方版），3/3，B1。

王榮進、楊詩弘，2019，《社會住宅營運管理與用後評估之研究》，內政部建築研究所協同研究案。

王榮進、楊詩弘，2020，《社會住宅青銀共居公共空間設計原則之研究》，內政部建築研究所協同研究案。

仝澤蓉，2011，〈張金鶚：從0.08％喊到10％ 是天方夜譚 指吳揆推出的合宜住宅以出售為主 是一大敗筆〉，《聯合晚報》，8/18，A3。

尹俞歡，2014a，〈內政部釋利多 十年內 讓10萬人有房住〉，《經濟日報》，5/21，A4。

尹俞歡，2014b，〈營建署與民間聯盟達共識……公有都更建築 做社會宅〉，《經濟日報》，5/15，A4。

孔令琪，2011，〈「北市：一向只租不售 歡迎蔡取經」〉，《聯

合晚報》，8/18，A3。

內政部，2011a，《住宅法》（2011年版），立法院法律系統網頁，https://lis.ly.gov.tw/lglawc/lawsingle?00A2227D5313000000000000000000A000000003FFFFFD^01290100121300^00000000000，2021/10/14。

內政部，2011b，〈社會住宅短期實施方案〉，內政部營建署網頁，http://publichousing.cpami.gov.tw/files/15-1000-13394,c15-1.php，2019/9/8。

內政部，2012，〈政府接管民間興辦社會住宅辦法〉，臺北市建築師公會網頁，https://www.arch.org.tw/Laws/bulletin_more?id=0a20bdaede4c47dcae5f194bfc0db1ba，2021/4/30。

內政部，2015，〈內政部104年度施政計畫〉，內政部網頁，https://www.moi.gov.tw/files/policy_file/%e5%85%a7%e6%94%bf%e9%83%a8104%e5%b9%b4%e5%ba%a6%e6%96%bd%e6%94%bf%e8%a8%88%e7%95%ab_1.pdf，2021/4/30。

內政部，2016a，〈內政部中程施政計畫（102至105年度）〉，內政部網頁，https://www.moi.gov.tw/files/policy_file/%e5%85%a7%e6%94%bf%e9%83%a8102%e8%87%b3105%e5%b9%b4%e5%ba%a6%e4%b8%ad%e7%a8%8b%e6%96%bd%e6%94%bf%e8%a8%88%e7%95%ab_1.pdf，2021/4/30。

內政部，2016b，〈內政部105年度施政計畫〉，內政部網頁，https://www.moi.gov.tw/files/policy_file/%e5%85%a7%e6%94%bf%e9%83%a8105%e5%b9%b4%e5%ba%a6%e6%96%bd%e6%94%bf%e8%a8%88%e7%95%ab_1.pdf，2021/4/30。

內政部，2017a，〈社會住宅經營管理者評鑑及獎勵辦法〉，內政部營建署網頁，https://www.cpami.gov.tw/

%E6%9C%80%E6%96%B0%E6%B6%88%E6%81%A
F/%E6%B3%95%E8%A6%8F%E5%85%AC%E5%91%
8A/29-%E4%BD%8F%E5%AE%85%E7%AF%87/15292-
%E7%A4%BE%E6%9C%83%E4%BD%8F%E5%AE%8
5%E7%B6%93%E7%87%9F%E7%AE%A1%E7%90%86
%E8%80%85%E8%A9%95%E9%91%91%E5%8F%8A%
E7%8D%8E%E5%8B%B5%E8%BE%A6%E6%B3%95.
html，2021/4/30。

內政部，2017b，〈民間興辦社會住宅申請審查辦法〉，
內政部營建署網頁，https://www.cpami.gov.tw/%E6%
9C%80%E6%96%B0%E6%B6%88%E6%81%AF/%E6
%B3%95%E8%A6%8F%E5%85%AC%E5%91%8A/29-
%E4%BD%8F%E5%AE%85%E7%AF%87/15322-
%E6%B0%91%E9%96%93%E8%88%88%E8%BE%A6%
E7%A4%BE%E6%9C%83%E4%BD%8F%E5%AE%85%E
7%94%B3%E8%AB%8B%E5%AF%A9%E6%9F%A5%E8
%BE%A6%E6%B3%95.html，2021/4/30。

內政部，2017c，〈內政部 106 年度施政計畫〉，內政部網
頁，https://www.moi.gov.tw/files/policy_file/%e5%85%a7
%e6%94%bf%e9%83%a8106%e5%b9%b4%e5%ba%a6%e
6%96%bd%e6%94%bf%e8%a8%88%e7%95%ab_1.pdf，
2021/4/30。

內政部，2018a，〈無障礙住宅設計基準及獎勵辦法〉，內政
部營建署網頁，https://www.cpami.gov.tw/%E6%9C%80%
E6%96%B0%E6%B6%88%E6%81%AF/%E6%B3%95%E
8%A6%8F%E5%85%AC%E5%91%8A/15614-%E7%84%
A1%E9%9A%9C%E7%A4%99%E4%BD%8F%E5%AE%
85%E8%A8%AD%E8%A8%88%E5%9F%BA%E6%BA%
96%E5%8F%8A%E7%8D%8E%E5%8B%B5%E8%BE%A
6%E6%B3%95.html，2019/9/8。

內政部，2018b，〈內政部 107 年度施政計畫〉，內政部網

頁，https://www.moi.gov.tw/files/policy_file/%e5%85%a7
%e6%94%bf%e9%83%a8107%e5%b9%b4%e5%ba%a6%e
6%96%bd%e6%94%bf%e8%a8%88%e7%95%ab_3.pdf，
2021/4/30。

內政部，2019，〈內政部 108 年度施政計畫〉，內政部網
頁，https://www.moi.gov.tw/files/policy_file/%e5%85%a7
%e6%94%bf%e9%83%a8108%e5%b9%b4%e5%ba%a6%
e6%96%bd%e6%94%bf%e8%a8%88%e7%95%ab.pdf，
2021/4/30。

內政部，2020a，〈內政部中程施政計畫（106 至 109 年度）〉，
內政部網頁，https://www.moi.gov.tw/files/policy_file/01-
%e5%85%a7%e6%94%bf%e9%83%a8-%e4%b8%ad%e7%
a8%8b%e8%a8%88%e7%95%ab.pdf，2021/4/30。

內政部，2020b，〈內政部 109 年度施政計畫〉，內政部網
頁，https://www.moi.gov.tw/files/policy_file/%e5%85%a7
%e6%94%bf%e9%83%a8109%e5%b9%b4%e5%ba%a6%e
6%96%bd%e6%94%bf%e8%a8%88%e7%95%ab_1.pdf，
2021/4/30。

內政部，2020c，〈建築物無障礙設施設計規範〉，內政部營
建署網頁，https://www.cpami.gov.tw/%E6%9C%80%E6%
96%B0%E6%B6%88%E6%81%AF/%E6%B3%95%E8%A
6%8F%E5%85%AC%E5%91%8A/10518-%E5%BB%BA%
E7%AF%89%E7%89%A9%E7%84%A1%E9%9A%9C%E
7%A4%99%E8%A8%AD%E6%96%BD%E8%A8%AD%E
8%A8%88%E8%A6%8F%E7%AF%84.html，2021/6/13。

內政部，2021a，〈住宅價格指數查詢〉，內政部不動產資訊
平台網頁，https://pip.moi.gov.tw/V3/E/SCRE0106.aspx，
2021/9/25。

內政部，2021b，〈房價所得比查詢〉，內政部不動產資訊
平台網頁，https://pip.moi.gov.tw/V3/E/SCRE0201.aspx，

2021/9/25。

內政部，2021c，〈貸款負擔率查詢〉，內政部不動產資訊平台網頁，https://pip.moi.gov.tw/V3/E/SCRE0201.aspx，2021/9/25。

內政部，2021d，《住宅法》（2021年版），全國法規資料庫網頁，https://law.moj.gov.tw/LawClass/LawAll.aspx?pcode=D0070195，2021/10/14。

內政部，2021e，〈社會住宅已達成數及規劃中數量統計表〉，內政部不動產資訊平台網頁，https://pip.moi.gov.tw/V3/B/SCRB0501.aspx?mode=7，2021/10/14。

內政部戶政司，2021，〈六都總人數與65歲以上人數〉，中華民國戶政司全球資訊網人口統計資料網頁，https://www.ris.gov.tw/app/portal/346，2021/10/14。

內政部統計處編輯，2014，《中華民國103內政概要》，臺北：內政部。

內政部統計處編輯，2015，《中華民國104內政概要》，臺北：內政部。

內政部統計處編輯，2016，《中華民國105內政概要》，臺北：內政部。

內政部統計處編輯，2017，《中華民國106內政概要》，臺北：內政部。

內政部統計處編輯，2018，《中華民國107內政概要》，臺北：內政部。

內政部統計處編輯，2019，《中華民國108年內政概要》，臺北：內政部。

內政部營建署，2017a，〈社會住宅設施設備及社會福利服務協助項目規定〉，內政部營建署網頁，https://www.cpami.gov.tw/%E6%9C%80%E6%96%B0%E6%B6%88%

E6%81%AF/%E6%B3%95%E8%A6%8F%E5%85%AC%
E5%91%8A/29-%E5%9C%8B%E6%B0%91%E4%BD%8
F%E5%AE%85%E7%AF%87/15321-%E7%A4%BE%E6%-
9C%83%E4%BD%8F%E5%AE%85%E8%A8%AD%E6
%96%BD%E8%A8%AD%E5%82%99%E5%8F%8A%E
7%A4%BE%E6%9C%83%E7%A6%8F%E5%88%A9%E
6%9C%8D%E5%8B%99%E5%8D%94%E5%8A%A9%
E9%A0%85%E7%9B%AE%E8%A6%8F%E5%AE%9A.
html，2019/1/29。

內政部營建署，2017b，〈社會住宅必要附屬設施項目及規
模〉，內政部營建署網頁，https://www.cpami.gov.tw/%E
6%9C%80%E6%96%B0%E8%A8%8A%E6%81%AF/%E8
%A9%B3%E7%B4%B0%E8%B3%87%E6%96%99/17740-
%E7%A4%BE%E6%9C%83%E4%BD%8F%E5%AE%
85%E5%BF%85%E8%A6%81%E9%99%84%E5%B1%
AC%E8%A8%AD%E6%96%BD%E9%A0%85%E7%9B
%AE%E5%8F%8A%E8%A6%8F%E6%A8%A1.html，
2019/1/29。

內政部營建署，2018，〈無障礙住宅設計基準及獎勵辦法〉，
內政部營建署網頁，https://www.cpami.gov.tw/%E6%9C%
80%E6%96%B0%E6%B6%88%E6%81%AF/%E6%B3%9
5%E8%A6%8F%E5%85%AC%E5%91%8A/15614-%E7%
84%A1%E9%9A%9C%E7%A4%99%E4%BD%8F%E5%A
E%85%E8%A8%AD%E8%A8%88%E5%9F%BA%E6%B
A%96%E5%8F%8A%E7%8D%8E%E5%8B%B5%E8%BE
%A6%E6%B3%95.html，2019/1/29。

內政部營建署，2019，〈社會住宅規劃設計興建及營運管
理作業參考手冊〉，內政部營建署網站，https://www.
cpami.gov.tw/%E6%9C%80%E6%96%B0%E6%B6%88%
E6%81%AF/%E6%A5%AD%E5%8B%99%E6%96%B0%
E8%A8%8A/41-%E5%9C%8B%E6%B0%91%E4%BD%8
F%E5%AE%85%E7%B5%84/33601-%E7%A4%BE%E6%-

9C%83%E4%BD%8F%E5%AE%85%E8%A6%8F%E5%8A%83%E8%A8%AD%E8%A8%88%E8%88%88%E5%BB%BA%E5%8F%8A%E7%87%9F%E9%81%8B%E7%AE%A1%E7%90%86%E4%BD%9C%E6%A5%AD%E5%8F%83%E8%80%83%E6%89%8B%E5%86%8A.html，2022/8/15。

內政部營建署，2020，〈國（住）宅計畫發展沿革〉，住宅業務數位典藏網站，http://publichousing.cpami.gov.tw/bin/home.php，2021/4/21。

內政部營建署，2021，〈社會住宅必要附屬設施項目及規模〉，內政部營建署網頁，https://www.cpami.gov.tw/%E6%9C%80%E6%96%B0%E6%B6%88%E6%81%AF/%E6%B3%95%E8%A6%8F%E5%85%AC%E5%91%8A/29-%E4%BD%8F%E5%AE%85%E7%AF%87/28360-%E5%85%A7%E6%94%BF%E9%83%A8%E8%-88%88%E8%BE%A6%E7%A4%BE%E6%9C%83%E4%BD%8F%E5%AE%85%E5%87%BA%E7%A7%9F%E8%BE%A6%E6%B3%95.html，2022/3/13

石文南，2010，〈「黃金當狗屎用」空總居民反對小帝寶〉，《中國時報》，10/25，C2。

立法院，2011，〈住宅法立法歷程〉，立法院法律系統網頁，https://lis.ly.gov.tw/lglawc/lawsingle?000F7E40332D0000000000000000001E000000005000000^01290100121300^00012001001，2021/4/21。

朱若蘭，2004，〈住宅政策 訂反歧視條款 身障弱勢者 社區不得排拒 年底前公布 保障流浪漢、愛滋病患等居住權 營建署擬廉租或免費提供社會住宅〉，《聯合報》，A11。

朱真楷，2011，〈「蔡：社會住宅 應只租不售」〉，《中國

時報》，10/1，A6。

朱漢崙，2016a，〈小英社會住宅用地 鎖定國防部、台鐵、台糖〉，《工商時報》，5/4，A5。

朱漢崙，2016b，〈社會宅用地 一年內須動工〉，《工商時報》，6/15，A2。

朱漢崙，2016c，〈配合政策，就怕不動產放款一下子到頂 爭鬆綁 合庫盼免列銀行法規範〉，《工商時報》，6/25，A9。

朱漢崙，2016d，〈攜手桃園、新北 社會宅融資 合庫搶第一〉，《中國時報》，8/3，A8。

朱漢崙，2016e，〈銀行、地方政府 有歧見〉，《工商時報》，8/10，A4。

仇佩芬，2011，〈系列記者會第 2 場 黃金十年 馬今談公義社會〉，《中國時報》，10/3，A2。

宋健生，2016，〈林佳龍 推創業補助 助青年追夢 每人每月補貼3.3萬元，同時打造三大基地，培育大夢想家〉，《經濟日報》，1/12，A17。

呂庭吟，2015，《社會住宅與合宜住宅相互變遷之政策過程分析》，臺北：國立政治大學公共行政學系碩士論文。

呂雪彗，2008，〈人口老化 推動高齡者社會國宅〉，《中華日報》，2/28，A4。

呂雪彗，2010，〈開發淡海 推萬戶平價宅〉，《工商時報》，11/15，A2。

呂雪彗，2011a，〈大台北蓋 1,600 戶社會住宅 吳揆拍板定案 選定松山、萬華、中和、三重等 5 處國防部眷改土地〉，《工商時報》，8/7，A5。

呂雪彗，2011b，〈「行政院會今將通過住宅法草案 供需失衡地區 政府將調節」〉，《工商時報》，9/22，A23。

呂雪彗，2012，〈新任內政部長李鴻源：活化閒置空間 要把社會住宅 餅做大〉，《工商時報》，2/2，A5。

呂雪彗，2014a，〈社會住宅 10 年衝 10 萬戶〉，《工商時報》，9/25，A20。

呂雪彗，2014b，〈內政部：調整容積策略 獎勵民間建社會宅〉，《工商時報》，5/2，A4。

呂雪彗，2016a，〈兌現政見經費 規模近千億〉，《工商時報》，8/19，A2。

呂雪彗，2016b，〈建商蓋社會宅 擬給容積獎勵〉，《工商時報》，6/1，A2。

呂秉怡、黃永達，2015，〈殘破租屋市場 難扛居住正義〉，《聯合報》，9/7，A14。

米復國，1987，《臺灣的住宅政策》，臺北：國立臺灣大學土木工程研究所博士論文。

江富滿，2014，〈盼釋出土地 廣建社會住宅 立委陳根德：政府應參考新加坡，目標住者有其屋，才是真正的居住正義〉，《工商時報》，5/16，A28。

江富滿，2017，〈安心住宅計畫納入地上權 首購族取得 50 年地上權，購屋每坪可望降至 10 萬以下 黃國明：讓青年快速成家〉，《工商時報》，1/13，C4。

江慧真、管婺媛，2010，〈《成立專案小組 月底提出簡報》蓋社會住宅只租不售 馬指示研究〉，《中國時報》，10/14，A4。

丘采薇、許依晨、潘姿羽，2016，〈住宅法修正三讀 將增設「公益出租人」 租金收入有減稅優惠 社宅租弱勢 提高到 3 成〉，《聯合報》，12/24，A13。

行政院，2009，〈公民與政治權利國際公約及經濟社會文化權利國際公約施行法〉，全國法規資料庫網頁，https://

law.moj.gov.tw/LawClass/LawAll.aspx?pcode=I0020028，
2019/8/17。

行政院，2012，〈社會福利政策綱領〉，衛生福利部社會救
助及社工司網頁，https://dep.mohw.gov.tw/dosaasw/cp-
535-3227-103.html，2021/6/1。

行政院，2015，〈整體住宅政策〉，內政部營建署網
頁，https://www.cpami.gov.tw/%E6%9C%80%E6%9
6%B0%E6%B6%88%E6%81%AF/%E6%A5%AD%E
5%8B%99%E6%96%B0%E8%A8%8A/41-%E5%9C
%8B%E6%B0%91%E4%BD%8F%E5%AE%85%E7
%B5%84/19281-%E6%95%B4%E9%AB%94%E4%BD
%8F%E5%AE%85%E6%94%BF%E7%AD%96(104-9-
15%E6%A0%B8%E5%AE%9A%E7%89%88).html，
2021/6/1。

行政院，2017，〈社會住宅興辦計畫〉，內政部不動產
資訊平台網頁，https://pip.moi.gov.tw/Upload/File/
SocialHousing/B-3%E7%A4%BE%E6%9C%83%E4%BD
%8F%E5%AE%85%E8%88%88%E8%BE%A6%E8%A8%
88%E7%95%AB.pdf，2021/6/1。

行政院，2020，〈110 年度施政方針〉。

邱金蘭，2014，〈公股銀打亞洲盃 禁削價競爭 財部召集行
庫總經理開會 要求強化資本適足率 配合央行打炒房〉，
《經濟日報》，7/17，A17。

邱金蘭，2016a，〈蓋社會宅 1,500 億元上膛 內政部與銀行團
完成協調 融資平台專案月底前呈報政院 將協助地方興
建 落實「八年 20 萬戶」政見〉，《經濟日報》，8/1，
A5。

邱金蘭，2016b，〈社會宅出租 將委企業代管 政院通過住宅
法修正案 相關營收免稅 可望為房仲與物管業帶來新商
機〉，《經濟日報》，8/4，A6。

邱金蘭，2016c，〈鼓勵釋出空屋 包租代管還提供免費保險〉，《經濟日報》，8/12，A2。

邱金蘭，2016d，〈國有地活化 多路並進〉，《經濟日報》，10/11，A13。

邱金蘭，2016e，〈政院推都更 面對釘子戶問題 將主動協議換屋 讓住戶參與選擇估價者 擬設專業法庭 加速解決爭議案件〉，《經濟日報》，12/1，A4。

邱金蘭，2017，〈政院點火 都更中心遍地開花 中央地方總動員 將設國家級組織 落實社會住宅等政策 修法鼓勵縣市政府成立行政法人〉，《經濟日報》，6/2，A2。

邱英浩，2019，《社會住宅之建築設計參考手冊》，內政部建築研究所107–108年度補助案。

邱英浩，2020，《以公益性為基礎之社會住宅基地評估系統建立及容積獎勵分級》，內政部建築研究所107–108年度補助案。

邱柏綱，2016，〈2016智慧永續建築高峰會 營建署 推5發展方向〉，《經濟日報》，3/27，A3。

邱奕寧，2015，〈新規定自下月招租的興隆一期開始 北市社宅租金 擬依收入分3級 借鏡韓國作法 調整為每3年1期 取消「一口價」 讓真弱勢租得起〉，《聯合報》，7/29，B1。

邱瓊玉，2012a，〈有專長願回饋 安康公宅歡迎來住 OURS及社宅聯盟討論 希望保留名額給專業人士 改建應多樣化 融入當地特色 發展局：納入考慮〉，《聯合報》，7/26，B1。

邱瓊玉，2012b，〈首棟民間社會住宅 將落腳臺南 伊甸打造明年招租36戶專供弱勢族群 3種房型租金7200~8000元 刺激政府思考社宅可行性〉，《聯合報》（地方版），9/23，A3。

邱瓊玉，2012c，〈萬華公營住宅 花博建築師操刀〉，《聯合報》，10/14，B1。

邱瓊玉，2013，〈家戶年所得低於 148 萬 社宅出租擬定 最長 12 年〉，《聯合報》，1/19，B1。

邱瓊玉，2014，〈興隆公營宅 最快明年入住 第 2 區特別規畫 44 戶 服務身障、經濟弱勢家庭 106 年完工〉，《聯合報》，9/15，B1。

祁容玉，2013，〈議員質疑圖利廠商 BOT 社會住宅 僅 2 成租金 8 折〉，《聯合報》（地方版），11/6，B1。

祁容玉，2014a，〈鼓勵民間建公設 修法通過〉，《聯合報》（地方版），6/4，B1。

祁容玉，2014b，〈秀朗青年社宅通用 3 社宅跟進 獲全國首張通用化標章候選證書 中和、三重社宅也變更設計 比無障礙空間更有彈性 適合各年齡層〉，《聯合報》（地方版），9/14，B2。

祁容玉，2015a，〈不與弱勢混居 3 成 8 不願租社宅 新北去年委外民調 20 到 45 歲青年仍有刻板印象 近半受訪者不清楚社宅 城鄉局：混居政策不變，會加強溝通〉，《聯合報》（地方版），3/13，B1。

祁容玉，2015b，〈捐社會宅換容積 新北首例〉，《聯合報》，6/18，A10。

沈有忠，2020，〈第十二章政黨與政黨體系〉，王業立（編），《政治學與臺灣政治》，臺北：雙葉書廊有限公司，頁323–348。

沈旭凱，2010，〈中和蓋社會住宅 地方不歡迎〉，《聯合報》（地方版），11/19，C2。

沈婉玉，2010，〈社會住宅 藍委猛催半年內推動（2－1）〉，《中國時報》，11/4，A5。

沈婉玉，2014，〈搶救社宅政策 土地財源雙管齊下 社宅聯盟
　　建議 政府國有地免費提供建社宅 國有地活化案要蓋＼一
　　定比例社宅 不動產稅改 稅收挹助政府住宅基金〉，《聯
　　合報》，5/12，A4。

沈婉玉，2015，〈巢運：社宅要擺脫對象、租金、財務盲點〉，
　　《聯合報》，10/5，A5。

沈婉玉，2018，〈住盟：給我升級版租金補貼〉，《聯合報》，
　　8/16，A10。

沈婉玉、余佳穎、邱莞仁，2015，〈蔡英文拋 8 年蓋 20 萬戶
　　社宅 社宅非萬靈丹 張金鶚批格局小 看看柯文哲例子 建
　　築師轟空話〉，《聯合報》，8/31，A4。

沈婉玉、洪正吉，2013，〈擬建立空屋媒合平台 李鴻源：推
　　動社會住宅「蓋」是下策〉，《中國時報》，12/31，
　　A6。

吳江泉，2019，〈高市首座新建社宅開工照顧市民需求〉，
　　《中國時報》，7/21，C7。

吳佳蓉，2014，〈加速供給 多管齊下找地〉，《經濟日報》，
　　9/8，A14。

吳思萍，2014，〈選聞短波 獄中馮光遠 提以租代建〉，《聯
　　合報》，10/9，B1。

吳岳樺，2015，《社會住宅社區空間設施規劃研究》，宜蘭縣：
　　國立宜蘭大學建築與永續規劃研究所碩士論文。

吳泓勳、洪凱音，2014，〈房地合一稅 2 成當社宅基金「蝸
　　牛神」再度出巡 巢運號召周六夜宿帝寶 訴求人人有
　　房〉，《中國時報》，10/2，AA1。

吳泓勳、舒子榕，2014，〈社會住宅 公有地可無償撥用〉，
　　《中國時報》，3/15，A8。

吳馥馨，2016，〈社會宅……無法解決居住正義〉，《經濟

日報》，5/19，A5。

朱慶倫，2017，〈社會住宅新作為〉，《國土與公共治理季刊》，5（3）：122–129。

朱漢崙，2016，〈民進黨推 4,000 億社宅，《中國時報》，4/7，A1。

何世昌，2016，〈社宅「包租代管」最大阻力在「稅」〉，《聯合報》，9/11，A13。

何祥裕，2013，〈6 億購地款被刪 新北社會住宅受挫〉，《聯合報》（地方版），3/15，B1。

何孟奎，2016，〈建築標準提高 建材業利多〉，《經濟日報》，12/24，A4。

何孟奎、林潔玲，2016，〈新政府擬修法 推包租社會宅〉，《經濟日報》，5/17，A4。

何醒邦，2010，〈北二都住宅政策 無殼蝸牛要監督〉，《聯合報》，8/25，A11。

何醒邦，2013，〈房價太高 李鴻源：國土規劃 人不必擠在臺北〉，《聯合報》，1/1，A2。

何醒邦、李順德，2012，〈住宅法上路 每人基本居住水準 3.96 坪 今起施行 貸款、租金補貼 將有法源依據 防止弱勢「籠民」現象 首定基本居住坪數〉，《聯合報》，12/30，A4。

李子瑋，2013，《臺北市社會住宅政策之探討：政策工具觀點》，臺中：中興大學國家政策與公共事務研究所碩士論文。

李子瑋、李長晏，2013，〈社會住宅政策問題建構與對策提出〉，《中國地方自治》，66（6）：20–60。

李至和，2010，〈若未善加管理…… 房仲：壓抑周邊行情〉，《經濟日報》，11/16，A2。

李宜芸，2016，〈德國柏林共居解決這個市代的孤獨〉，《康健雜誌》，207：95–97。

李依璇，2018，〈明倫公宅遭爆偷工減料 建商喊冤〉，《中國時報》，12/13，A12。

李昭安，2015，〈政院有償撥用 陸保廠將蓋公宅 A1、A2 北市府將花 54 億買斷 A3~A5 教部建青年創意生活城〉，《聯合報》，5/28，A2。

李昭安，2016，〈花敬群：8 年推 20 萬戶社宅 不打折扣 北市爭取無償撥用土地 上任後會儘快找柯「深度溝通」〉，《聯合報》，5/17，A4。

李順德，2010，〈江宜樺：社會住宅 不會貧民窟化〉，《聯合報》，12/15，A3。

李順德，2011a，〈內政部社會住宅 延明年動工〉，《聯合報》，8/23，A11。

李順德，2011b，〈照顧身障 臺南推另類社會住宅 營建署出租國宅到期 臺南市政府建議 用公告價賣給伊甸基金會 再租給身障人士 江宜樺：專案處理〉，《聯合報》，10/12，A6。

李順德，2012a，〈李鴻源：社會住宅不會續蓋〉，《聯合報》，2/9，A7。

李順德，2012b，〈113 公頃國宅地 部分擬建社會住宅 國宅條例年底廢止 內政部長李鴻源指示 評估以現有國宅地興建可能性 並協助地方活化閒置空間〉，《聯合報》，11/30，AA3。

李順德，2014a，〈因地制宜 內政部長：社宅添設施、蓋更多 推動「只租不售」 政府增 32 處公有地興建 增添活動中心、托嬰等設備 9 年後達 3.4 萬戶……目前存量 5 倍〉，《聯合報》，10/3，A4。

李順德，2014b，〈租金補貼 明年增萬戶〉，《聯合報》，

10/9，A12。

李順德，2016a，〈新政府建社會住宅財源 首波向銀行團融資 1500 億〉，《聯合報》，6/3，A12。

李順德，2016b，〈推動社宅 內政部將翻修住宅法〉，《聯合報》，6/11，A3。

李順德，2016c，〈弱勢住社宅比率喬不攏 修法喊卡 保障比率 20％？行政院會沒共識 25 社團聯手陳抗 要求提高到 30％〉，《聯合報》，8/26，A3。

李順德，2016d，〈社宅弱勢入住率 將提高至 30％ 行政、立法協調會達共識 12 種特殊身分條件維持 希望穩住蔡政府民調下滑態勢〉，《聯合報》，8/30，A6。

李蕙君，2017，〈臺東社宅動工 43 戶供租〉，《聯合報》（地方版），3/2，B2。

李麗滿，2011，〈與北市府合作 IKEA 挑戰國宅裝修〉，《工商時報》，12/16，A18。

祁容玉、陳雨鑫，2014，〈重砲回擊綠營「惡意扭曲、張冠李戴、斷章取義」 朱立倫：從沒講要蓋 18 萬戶社宅 游錫堃的確說過 朱應為政策跳票道歉〉，《聯合報》（地方版），8/20，B1。

社會住宅推動聯盟，2010，〈馬上推動社會住宅 住盟將持續監督〉，社會住宅推動聯盟網頁，http://socialhousingtw.blogspot.com/2010/10/991014.html，2019/9/8。

社會住宅推動聯盟，2016，《社會住宅手冊：居住 NEXT—社會住宅》。

社會住宅推動聯盟，2021，〈《住宅法》修正案 三讀通過條文與附帶決議〉，社會住宅推動聯盟網頁，http://socialhousingtw.blogspot.com/2021/05/110518_20.html#more，2021/7/8。

林上祚，2015，〈林伯豐挺青年住宅 租金抵房價」工商協進會理事長建議比照工業區「006688」精神 先租後買 讓青年買得起房 化解世代對立〉，《聯合報》，3/18，AA2。

林采鴻、劉柏宏，2020，〈社會住宅的生活觀點：包容性居住場所的營造〉，《建築師》，10：70–72。

林安妮，2014a，〈總統要讓青年住得起臺灣 內政部：增加社會住宅〉，《經濟日報》，5/20，A3。

林安妮，2014b，〈促參大翻修 PFI 將上桌〉，《工商時報》，10/10，A4。

林貝珊，2017，《臺北市公共住宅對周邊居住環境影響之研究》，臺北：國立政治大學地政所碩士論文。

林志成建築師事務所，2020，〈臺中市大里光正段社會住宅（第一期）〉，《建築師》，543，42–47。

林思宇，2012，〈新北青年住宅 7 成原價出租 補貼租金〉，《聯合報》，7/27，A18。

林金池，2011a，〈朱立倫批蔡：10%社宅不加稅 胡扯〉，《中國時報》，8/20，焦點新聞。

林金池，2011b，〈朱立倫：別閉著眼睛抄北歐 催生社會住宅 新北市將「利誘」建商〉，《中國時報》，8/27，A6。

林金池，2014，〈新北 2 成容積獎勵 盼青年宅遍地開花〉，《中國時報》，7/22，A10。

林政忠，2012，〈曾提出蓋社會住宅、公園、國會大廈……市價上千億稀有地 各方覬覦〉，《聯合報》，12/10，A10。

林政忠、陳志豪，2010，〈推社會住宅 北市府：絕對不會改變〉，《聯合報》，12/16，A2。

林淑慧，2014a，〈建築容積增額 國發會：有助社會宅供給〉，《工商時報》，5/23，A21。

林淑慧，2014b，〈提升財務自償性 社會住宅 開放經營附屬事業〉，《工商時報》，6/26，A4。

林淑慧，2014c，〈都市計劃區 將劃定專用區〉，《工商時報》，6/26，A4。

林淑慧、薛孟杰，2013，〈財部提供誘因 民間興辦社會住宅 可免地租〉，《工商時報》，3/5，A4。

林敬殷，2015，〈蔡推社福政策 8 年建 20 萬社會宅〉，《聯合晚報》，8/30，A2。

林佩怡，2010，〈郝：居民若反對 社會宅絕不蓋 北市府辦座談 市長郝龍斌與松山區寶清段民眾面對面 支持與反對聲音都有 座談無具體結論〉，《中國時報》，12/13，C2。

林佩怡，2013，〈不同的聲音 北市想建第二座大安森林公園〉，4/4，《中國時報》，A3。

林建甫，2010，〈《觀念平台》住宅政策應學新加坡〉，《工商時報》，11/17，A5。

林益谷，2017，《高雄市居民對社會住宅之認知與態度之研究－兼論公民參與制度與社會住宅支持度之關聯》，高雄：國立中山大學公共事務研究所碩士論文。

林勝義，2008，〈社會住宅與社區營造的轉型及其結合之探討〉，《社區發展季刊》，121，57–70。

林萬億，2010，〈社會住宅八問〉，《自由時報》，11/17，A15。

林萬億，2016，《臺灣的社會福利：歷史與制度的分析》，臺北：五南出版社。

花敬群，2011，〈空屋轉租是錯誤方向〉，《中國時報》，

11/27，A13。

高詩琴，2010，〈「社宅拖垮治安」 松山居民抗議〉，《聯合報》，11/18，B1。

高詩琴，2015，〈杜紫軍：拉長討論期 保留使用彈性〉，《聯合報》，2/28，A12。

柯玥寧、江碩涵，2010，〈國產局首批標售 地上權2700坪 蓋社會住宅 只限學生 銀髮族 獨漏身障者 弱勢火大抗議〉，《蘋果日報》，10/16，A44。

洪正吉，2014，〈壽險投資社會宅 免投報率限制〉，《中國時報》，4/23，AA1。

洪明東，2015，《住者有其屋》，臺北：商流文化事業有限公司。

洪敬法，2016，〈西屯社宅BOT可蓋商場 議員質疑 議員：恐衝擊周邊交通 租金變高 承租戶可能繳不起房租 都發局：不會變大型商場 交通已納規劃〉，《聯合報》（地方版），4/3，B2。

洪敬法，2017，〈名建築師打造 社宅與國宅大不同〉，《聯合晚報》，7/3，B7。

陳文信、殷偵維，2011，〈蔡：只租不售社會住宅應占都會區1成 推「十年政綱」住宅篇 主張由政府主導大規模都更 規畫層級更應提高到行政院、甚至總統府〉，《中國時報》，8/19，A4。

陳乃綾，2010a，〈高房價 學者獻策 胡勝正：改善薪資停滯。《經濟日報》〉，12/1，A4。

陳乃綾，2010b，〈北市 將設物業管理公司 地方政府成立相關公司首例 管理社會住宅、出租住宅 教育部、北縣府都想參股〉，《經濟日報》，12/5，A6。

陳太農，2019，《社會住宅應用智慧化管理之研究》，內政

部建築研究所委託研究案。

陳志平，2010，〈單身租金補貼 門檻擬調降 社會住宅規劃方案 申請年齡由 40 歲降至 35 歲 最快明年實施〉，《聯合晚報》，12/22，A7。

陳金勳，2018，《推動我國社會住宅關鍵因素之研究》，臺中：靜宜大學管理學院碩士在職專班碩士論文。

陳芃，2011，〈大龍峒公宅被批排除弱勢 社會住宅推動聯盟要求保留三成給弱勢家庭 依所得收不同租金 市府承諾未來較大公營住宅會實施〉，《中國時報》，11/8，C2。

陳芃、林金池、甘嘉雯，2016，〈社宅執行力比一比 桃園最給力 北市還在喬〉，《中國時報》，4/7，A3。

陳美珍，2010，〈都會租金補貼可望加碼〉，《經濟日報》，11/9，A17。

陳宛茜，2011，〈社會住宅篇 溪洲釘子戶 臺灣社會宅先鋒 荷蘭＋日本 經驗借來學〉，《聯合報》，6/27，A10。

陳宛茜，2016，〈臺灣現象 窮老負擔不起 社宅租金如天價〉，《聯合報》，2/5，A3。

陳秋雲，2016a，〈讓豪宅區不只有錢人可住 林佳龍團拜：七期將建社會住宅〉，《聯合報》（地方版），2/18，B2。

陳秋雲，2016b，〈為推 8 年 1 萬戶社宅 市府爭設住宅基金計畫明年提撥 4 億元 確保財源穩定 藍營議員批規避監督綠營說 還在摸索階段 有基金保障才放心〉，《聯合報》（地方版），10/26，B2。

陳秋雲，2017，〈臺中獎社宅 每月省稅可達萬元〉，《聯合報》（地方版），10/26，B2。

陳美玲，2016，〈住盟提四呼籲 催動執行力〉，《經濟日報》，12/24，A4。

陳美玲整理，2016，〈海悅國際開發總經理王俊傑 只需繳管理費 臺灣需要的是「中繼住宅」〉，《聯合報》，3/2，AA1。

陳美玲、吳泓勳，2013，〈日勝生規劃 投入 44 億元 打造黃金級綠建築 中和青年宅 2016 年完工〉，《經濟日報》，12/4，A4。

陳怡伶，2010，〈社會住宅能成台灣奇蹟？〉，《中國時報》，11/16，A14。

陳怡伶，2011，〈社會住宅不是貧民窟〉，《中國時報》，10/28，A26。

陳怡伶、黎德星，2010，〈新自由主義化、國家與住宅市場 – 臺灣國宅政策的演變〉，《地理學報》，59，105–131。

陳俊雄、殷偵維，2010，〈上任動起來 朱立倫：市府團隊沒有假日 召開市政會議臨時會 視察警政、消防業務 今天將到三鶯、溪洲部落 強調要在最短時間內了解市政〉，《中國時報》，12/26，C2。

陳書榕、孫偉倫，2014，〈內政部回應巢運訴求 租屋補貼 明年增 1 萬戶〉，《經濟日報》，10/4，A4。

陳雅芃，2010，〈掃街・拜票 拚戰新北市 蔡英文，綠下周起輔選總動員〉，《聯合晚報》，10/21，A4。

陳雅芃，2011，〈小英喊：我們要有 10％社會住宅 發表十年政綱住宅篇 主張只租不售 並設退場機制 檢查住戶資格 所得若達一定水準 就要求搬遷〉，《聯合晚報》，8/18，A3。

陳瑄喻，2013，〈另類都更 張金鶚：精華地閒置校地建社宅 共存取代消滅 都市發展不必犧牲歷史情感「住宅的樓下就是國小 可穩定新生來源」〉，《聯合報》，3/24，A5。

陳曼儂，2009，〈房仲業看衰：助長投資炒作〉，《聯合報》，

11/13，A10。

陳珮琦，2014，〈朱立倫：區段徵收可售地 蓋社會住宅 新北 拚居住正義「不讓新開發區變新豪宅區」〉，《聯合晚 報》，3/18，A4。

陳珮琦，2015a，〈朱立倫：社會宅非比賽喊量〉，《聯合晚 報》，9/1，A9。

陳珮琦，2015b，〈新北青年宅 獲建築奧斯卡獎〉，《聯合 晚報》，10/6，A11。

陳珮琦，2016，〈民間捐社宅 最高可獲 1.2 倍容積〉，《聯 合報》，2/17，B1。

陳熙文、林敬殷、沈婉玉，2019，〈社宅政策槓柯 中央推包 租代管 2.0〉，《聯合報》，10/31，A4。

夏鑄九，2015，《窺見魔鬼的容顏》，臺北：唐山出版社。

袁延壽，2014，〈新北市開先例 區段徵收抵費地 蓋社會住 宅〉，《工商時報》，3/19，B1。

袁延壽，2015a，〈新北 3 年建 1,600 戶社會住宅〉，《工商 時報》，3/11，A21。

袁延壽，2015b，〈談房市 朱立倫：政府應退居二線〉，《工 商時報》，11/9，A2。

郭及天，2016，〈王應傑：不宜再建社會宅〉，《經濟日報》， 5/12，A4。

郭安家、程嘉文，2011，〈改闢成公園或社會住宅 盼遷軍營 文山人提規劃案〉，《聯合報》，11/26，B1。

郭建志，2015a，〈地方蓋社會宅 立委推公有地無償撥用〉， 《工商時報》，4/7，A3。

郭建志，2015b，〈立院初審通過 老人津貼 不得扣押、擔 保〉，《工商時報》，10/29，A19。

郭建志，2015c，〈都市計畫法修正 社會住宅入法〉，《工商時報》，12/17，A15。

徐子晴，2013，〈社宅保障弱勢 爭取提高至 30％〉，《聯合報》，1/15，A8。

徐筱嵐，2011a，〈住宅法草案 立院法制局提修正方向 蓋社會宅 迎接減稅大禮〉，《經濟日報》，11/15，A20。

徐筱嵐，2011b，〈停會前拚三讀 住宅五法 今朝野協商〉，《經濟日報》，12/9，A22。

徐筱嵐，2012，〈社會住宅聯盟：實價登錄是空包彈〉，《經濟日報》，9/21，A4。

徐碧華、蘇秀慧，2010，〈國宅政策 重新啟動 將以容積獎勵民間興建社會住宅；考慮擴大補貼租金和購屋利息〉，《經濟日報》，11/1，話題。

徐碧華，2012a，〈李鴻源 贊成開徵空屋稅〉，《經濟日報》，3/13，A4。

徐碧華，2012b，〈住宅政策轉彎 政府不再蓋房 財源短缺＋空屋率高 李鴻源：合宜、現代與社會宅新建全喊卡 將鼓勵租屋 補貼弱勢者〉，《經濟日報》，3/30，A2。

徐偉真，2016a，〈社會住宅保弱勢 大增至 3 成 增設「公益出租人」免納綜合所得稅額度最高 1 萬 弱勢者若現租違建 3 年緩衝並補貼〉，《聯合晚報》，12/23，B7。

徐偉真，2016b，〈推社宅 葉俊榮：重質不重量〉，《經濟日報》，5/25，A8。

周志豪，2011，〈公營住宅申請標準寬 弱勢抗議〉，《聯合報》，11/8，A10。

周志豪，2014，〈社會宅出租新法 「收入標準太僵硬」〉，《聯合報》，5/19，B1。

周思宇，2016，〈小英喊公辦都更 民團：樂見催生專法〉，

《中國時報》，6/20，A4。

范榮達，2016，〈推動社會住宅 縣府射「3支箭」 開創住宅基金來源、選址縣有土地規畫社宅 提供整合住宅補貼 盼透過容積移轉獎勵 吸引建商參與〉，《聯合報》（地方版），10/19，B3。

新北市政府，2015，〈新北市社會住宅都市設計審議原則〉，植根法律網網頁，https://www.rootlaw.com.tw/LawBasis.aspx?LawID=B020160001009600–1041001，2022/4/7。

新北市政府，2021a，〈新北市政府辦理社會住宅及其附屬設施空間專案提供使用作業要點〉，新北市政府城鄉發展局網頁，https://www.planning.ntpc.gov.tw/home.jsp?id=93&act=be4f48068b2b0031&dataserno=ac1c25f7dea47e4e187963bd2e7bd815，2022/4/7。

新北市政府，2021b，〈新北市政府辦理社會住宅及其附屬設施空間專案提供使用作業要點〉，新北市政府城鄉發展局網頁，https://www.planning.ntpc.gov.tw/home.jsp?id=93&act=be4f48068b2b0031&dataserno=ac1c25f7dea47e4e187963bd2e7bd815，2022/4/7。

新北市政府，2022，〈新店中央新村北側青年社會住宅〉，新北市青年社會住宅網頁，https://social-housing.planning.ntpc.gov.tw/house-detail_new1.aspx?c=15，2022/4/7。

莊琇閔，2018，〈北市包租代管 建議調高租金上限〉，《聯合報》，3/17，B1。

莊琇閔、陳美玲、楊正海，2017，〈住盟影片控民粹 議員強調別汙名化 六張犁公宅說明會衝突 各說各話〉，《聯合報》，9/16，B2。

梁玲菁，2016，〈巴黎的「休戚相關」社會住宅政策〉，《合作社事業報導》，94，6–9。

梁玲菁，2017，〈住宅合作社的跨代照顧與連結〉，《2017

年創新社會經濟發展研討會》，頁 30–42。

梁玲菁，2018，〈實現法國住宅政策與照顧－探尋巴黎協力的社會經濟組織與啟示〉，《合作經濟》，137：8–23。

梁玲菁、蔡孟穎，2017，〈德國住宅合作創新城市永續發展〉，《合作社事業報導》，99：5–17。

梁鎧麟，2010，〈《熱門話題》社會住宅 千萬別淪為貧民窟〉，《中國時報》，10/16，A26。

馬婉珍，2010，〈抗議高房價，保障弱勢族群居住權 12 社福團體催生社會住宅〉，《工商時報》，8/26，CC2。

湯雅雯，2010，〈建國百年 植樹勸募 小帝寶那塊地 張曉風：應種樹〉，《聯合報》，11/30，B2。

秦蕙媛、羅融，2010，〈綠指不懂社會住宅 朱立倫新社福政見 加碼補助五千元〉，《中國時報》，11/20，A4。

孫偉倫、林安妮，2014，〈逼降房價 江揆祭四個工具 1. 調整稅制 2. 縮小城鄉差距 3. 續推合宜、4. 增加公營出租物件 強調力道不會一下子太猛〉，《經濟日報》，4/23，A2。

張文馨，2010，〈蔡英文談房市 挺弱勢〉，《聯合晚報》，9/13，A4。

張文馨，2011，〈住宅法 朝野達共識 社會住宅保障額度 10％〉，《聯合晚報》，12/13，A4。

張立勳，2019，〈議員炮轟每坪租金少 500 元 豪宅地段社宅價 市產挨批賤租〉，《中國時報》，11/1，A12。

張世杰，2019a，〈甩弱勢觀感 北市公宅統稱社宅〉，《聯合報》，8/2，B2。

張世杰，2019b，〈流標 6 次 北市三興段社宅 終動土〉，《聯合報》，9/5，B2。

張世杰、魏莨伊，2017，〈臺北市 同性註記伴侶 將可申請社宅〉，《聯合報》，3/6，B2。

張志源，2018，《美國公共住宅、日本公營住宅及我國社會住宅因應高齡者及身心障礙者之社區照顧環境無障礙設計基準比較分析》，內政部建築研究所自行研究報告。

張志源，2021，《美國公共住宅、日本公營住宅及我國社會住宅設施設備和必要附屬設施法令之比較》，內政部建築研究所自行研究報告。

張謙俊、石文南、羅融，2010，〈比政見 蘇：我先提 郝：撿現成〉，《中國時報》，10/16，A2。

張金鶚，2010，〈《觀念平台》房價不合理 為何不能打房？〉，《工商時報》，10/15，A5。

張明慧，2014，〈社會住宅政策 強龍比賽蓋屋 林：當選就蓋1萬戶 胡：租加蓋1.5萬戶 議員批胡13年蓋不出還加碼 官員則指不查證就亂批 淪選舉口水〉，《聯合報》（地方版），10/4，B2。

張明慧、喻文玟，2015，〈新ＣＦ出爐 林佳龍推萬戶社宅〉，《聯合報》（地方版），6/21，B1。

張祐齊，2011，〈社宅未立法就要蓋 議員反對〉，《聯合報》（地方版），10/19，B1。

張家樂，2016，〈只租不售！縣府將蓋200戶社會住宅 南投警分局後側舊宿舍、停車場閒置地改建 生活機能佳 向中央籌得經費即可動工〉，《聯合報》（地方版），7/19，B3。

張理國，2018a，〈新婚及有幼兒家庭門檻降低 8月前推出鼓勵生育 再祭社會住宅優惠〉，《經濟日報》，5/19，A4。

張理國，2018b，〈新婚或有6歲以下幼兒皆可 世大運社宅申請條件放寬〉，《中國時報》，5/26，A6。

張語羚,2017,〈世大運選手村轉做社宅、青創基地 租金皆為市價8折,若有較劇烈的浮動再做調整〉,《工商時報》,8/4,A5。

張潼,2019,〈南港東明社宅 青創計畫上路 一般戶9月招租〉,《中國時報》,8/2,A12。

張清婷,2019,《我國社會住宅包租代管政策規劃與執行落差》,臺北:國立政治大學社會工作研究所碩士論文。

張盟宜,2017,〈伊甸基金會社會住宅居住服務的前瞻:臺南大林雙福園區經驗分享〉,《社區發展季刊》,158:48–54。

張穎齊、葉德正,2019,〈全國首創最低21.7萬戶受惠 單一自住房屋稅 北市明年降至0.6％〉,《中國時報》,11/27,A12。

國家住宅及都市更新中心,2022,〈林口世大運選手村A區服務平台〉,國家住宅及都市更新中心網頁,https://www1.hurc.org.tw/SmartCity/Info/Site/LKSJA/Faq,2022/4/7。

國家發展委員會,2020,〈人口推估查詢系統〉,國家發展委員會網頁,https://www.ndc.gov.tw/Content_List.aspx?n=84223C65B6F94D72,2021/10/14。

康文柔,2016,〈《旺旺中時地產峰會》房價跌 拿什麼以房養老〉,《中國時報》,4/13,B4。

唐嘉邦、陳俊雄,2010,〈社會宅設三重 引發抗議〉,《中國時報》,11/18,C2。

喻文玟、鄭維真、王敏旭,2018,〈臺中不跟進 「社宅才是解方」〉,《聯合報》,4/12,A8。

彭禎伶,2014,〈投資社會住宅 壽險最愛證券化 不必經營最受歡迎,其次是民間融資提案,最後才是BOT模式〉,《工商時報》,7/1,A13。

彭　琳，2017，〈推包租代管內政部籲4都跟進降稅〉，《經濟日報》，10/31，A5。

彭錦鵬主持，2015，《結合第三部門推動社會住宅策略規劃》，內政部營建署委託研究計畫。

曹海軍，2017，《國外城市治理理論研究》，天津：天津人民出版社。

董俞佳，2014，〈崔媽媽呼籲政府 規畫社會住宅〉，《聯合報》，8/11，A10。

游文寶，2014，〈針對住宅政策 吳志揚、鄭文燦「槓上」 吳志揚批鄭的「多元化社會住宅方案」根本不可行；鄭文燦反批吳的福利宅「只是張粗糙的選舉支票」〉，《聯合報》（地方版），7/22，B1。

游文寶，2015，〈落實居住正義 鄭文燦：航空城內必蓋社會住宅〉，《聯合報》（地方版），2/4，B1。

游文寶，2016，〈願景在地 新局‧新希望 桃園篇 市長做3300戶社宅 即將發包〉，《聯合報》（地方版），4/11，B1。

游文寶、施鴻基，2016，〈社宅包租包管 下月蘆竹試辦〉，《聯合報》（地方版），3/23，B2。

游智文，2010，〈社會住宅聯盟：看不出照顧弱勢的決心〉，《聯合晚報》，10/15，A4。

游智文，2012，〈崔媽媽疾呼：速建社會住宅、減稅鼓勵房東〉，《聯合晚報》，5/15，A5。

游智文，2014a，〈巢運：營建署淪炒房代言人〉，《聯合晚報》，9/4，A11。

游智文，2016，〈葉俊榮：照顧社會新鮮人及弱勢〉，《聯合晚報》，8/25，A4。

游智文、李皇萱，2014，〈民間團體疾呼：改推社會宅〉，《聯

合晚報》，8/7，A3。

游智文、曾桂香，2011，〈落實正義 考驗執行力〉，《聯合晚報》，8/24，話題。

財政部，2017，〈民間興辦社會住宅使用公有不動產之出租及設定地上權優惠辦法〉，植根法律網網頁，https://www.rootlaw.com.tw/LawContent.aspx?LawID=A040070090002200-1060626，2021/5/25。

黃世孟，2020，〈社會住宅作為「渡橋」：物業管理如何確保橋上人流暢通？〉，鳴人堂網頁，https://opinion.udn.com/opinion/story/12838/4860924，2021/5/25。

黃宣翰，2011，〈伊甸買大林國宅 賴清德看好〉，《聯合報》（地方版），10/13，B2。

黃啟菱，2010，〈無殼蝸牛聯盟提建言 花敬群：蓋平價出租宅〉，《經濟日報》，5/14，A17。

黃啟菱，2011，〈張金鶚：只租不售 方向正確〉，《經濟日報》，8/19，A4。

黃啟菱整理，2011，〈推動居住正義 看看國外經驗〉，《經濟日報》，9/15，A4。

黃瑞典，2017，〈蓋屋、包租代管 苗栗社宅雙管齊下〉，《聯合報》（地方版），12/7，B2。

黃福其，2010，〈朱立倫談就業 挺青年〉，《聯合晚報》，9/13，A4。

黃福其，2011a，〈三鶯部落 將租地建原民〉，《聯合報》（地方版），3/6，A4。

黃福其，2011b，〈新北市社會住宅 照顧就學就業者〉，《聯合報》，10/14，A6。

黃福其，2012，〈住盟抗議 BOT 社宅圖利財團 市價租社會住宅 市府補貼〉，《聯合報》（地方版），8/28，B1。

黃福其、王問鼎，2011，〈中和、三重社會住宅 租金市價 8 折 中央選定 3 處 昨辦招商說明會 明年 2 月招標 9 成是 1 房 1 廳 青年有穩定所得 才能入住〉，《聯合報》（地方版），11/23，B1。

黃福其、王汝聰、錢震宇，2011，〈現有空屋當社宅……不必等〉，《聯合報》，1/18，A4。

黃福其、鄭筑羚，2010，〈選戰傳真 朱 社會住宅政策 運用空屋……〉，《聯合報》（地方版），10/25，B1。

黃詩凱，2014，〈地段包括北市萬華、松山，新北市三重、中和等 江揆近日拍板 社宅 10 年增 5 倍〉，《聯合報》，9/22，A4。

黃麗玲，2011，〈社會住宅政策與社會轉型的新視野〉，《新社會政策》，14，13–16。

黃麗玲，2016，〈第十三章 土地與住宅：住宅做為商品或社會人權〉，《發展研究與臺灣社會》，臺北：巨流圖書公司，頁 353–410。

黃麗玲、劉恩英，2017，〈韓國公共住宅政策之發展與轉型 – 以首爾市為分析之焦點〉，Slideshare 網站，https://www.slideshare.net/OURsOURs/ss-78066976，2021/6/25。

黃驛淵，2011a，〈社福開發案 已成公共議題〉，《聯合報》，2/18，C2。

黃驛淵，2011b，〈蔡：馬省自己的 花國家的錢〉，《聯合報》，12/31，A2。

黃驛淵，2013，〈社宅 10 年計畫 民間批「低估需求」〉，《聯合報》，12/4，AA1。

陶煥昌，2010，〈市府允諾改善 青年住宅執行偏低〉，《聯合晚報》，9/27，A10。

陶煥昌、陳珮琦，2010，〈松山區社會住宅 居民抗議〉，《聯

合晚報》，11/18，A16。

陸介雄、宓明君、李天霞，2006，《住宅合作社立法研究》，北京：法律出版社。

程嘉文，2007，〈29個社團扶弱 催生社會住宅〉，《聯合報》，8/26，A5。

揚彥，2012，《臺灣社會住宅之研究─歷史制度主義觀點》，臺北：臺北大學不動產與城鄉環境學系碩士學位論文。

許政榆，2017，〈桃社宅動土 後年底完工〉，《聯合報》（地方版），7/22，B2。

楊正海，2010，〈郝：北市公營住宅 再增2萬戶 社會住宅供老弱者居住 出租宅供一般家庭與青年租用 最快在103年有4千戶可交屋〉，《聯合晚報》，10/26，A9。

楊永吉，2017，《從國民住宅到社會住宅之政策變遷：以多元流程模式分析》，新北市：淡江大學公共行政學系公共政策碩士班碩士論文。

楊美玲，2010，〈國有地建社宅 李述德：全力配合〉，《聯合晚報》，11/3，A2。

楊湘鈞，2014，〈地方再推合宜宅？ 內政部樂見〉，《聯合報》，6/4，A2。

楊毅，2011，〈草案月底送交行政院審查 三大誘因 鼓勵民間參與〉，《經濟日報》，5/5，A4。

楊毅，2015，〈不是「喊量」比賽 長照、社會宅政策 朱籲公開辯論〉，《中國時報》，9/3，A3。

龍益雲，2015，〈房市利多 大溪埔頂營區 釋出活化 未來擬設置2.5公頃客運轉運站，並提供社會住宅及公園等大型公共設施〉，《工商時報》，8/27，A19。

華昌宜，2010，〈小帝寶能不能當社會住宅？〉，《中國時

報》，10/20，A14。

曾百村，2018，〈推包租代管 3 房型租金擬調高〉，《中國時報》，3/21，A13。

曾采蓁，2020，《創造混合收入社區：臺北市安康平價住宅到興隆社會住宅的轉型》，臺北：國立臺灣大學建築與城鄉研究所碩士論文。

曾旭正，1994，《戰後臺北的都市過程與都市意識形成過程之研究》，國立臺灣大學建築與城鄉研究所博士論文。

曾意辰，2015，《居住正義—臺灣社會住宅論述與政策之分析》，臺北：國立政治大學國家發展研究所碩士學位論文。

曾稚驊，2018，《中介空間：臺灣社會住宅的制度與權力分析》，臺北：臺灣大學社會學研究所碩士論文。

曾薏蘋，2010，〈社宅打 7 折 兩周大臺北選地 馬總統釋出大利多 興建千戶 年底前規畫 「租金補貼為主 興建為輔」 蔡英文質疑為選舉急就章（2－1）〉，《中國時報》，11/1，A5 版。

曾薏蘋、周思宇、郭建伸，2016，〈總統：社宅關係執政成敗〉，《工商時報》，6/2，A4。

曾憲文，2005，〈國宅大清倉 六縣市委外銷售 約一千五百戶，花縣率先上網招商，中市等陸續跟進；未來不再蓋國宅，改補貼購屋貸款（2－2）〉，3/1，《工商時報》，A4。

曾麗芳，2016，〈林正雄：應考慮緩推社會住宅〉，《工商時報》，12/30，A17。

馮惠宜，2019，〈落實英政見 中市社宅動土 燕向中央喊話 興建費補助一半〉，《聯合報》，1/28，A2。

孟祥傑，2016，〈多元蓋社會宅 朱立倫衝刺 7000 戶〉，《中

國時報》，5/18，A4。

孟祥傑、王姿琳，2016，〈朱立倫籲：鬆綁大型國有地禁售令 目前 500 坪以上僅能採地上權、BOT 招標，應因地制宜放寬來活絡地方〉，《工商時報》，5/4，A5。

蔡惠芳，2011，〈《發現新商機》學者：停建社會住宅 建商：小宅商機崛起〉，《工商時報》，11/4，A3。

蔡惠芳，2016，〈建商回應 不必蓋到 20 萬戶〉，《工商時報》，4/7，A2。

蔡惠芳，2017，〈房市走下坡…… 業者：推自力都更好時機〉，《工商時報》，8/31，A4。

顏瑞田，2016a，〈中央推社會宅 地方叫苦 地方要負擔 90％財務〉，《工商時報》，9/5，A2。

顏瑞田，2016b，〈高市府創舉 包租代管興辦社宅〉，《工商時報》，6/28，A17。

顏瑞田，2017，〈高雄打造共合社會住宅 2 年 4 案訴求去標籤化，首宗「凱旋青樹」社宅昨啟動，明年也將推動另 3 個社會宅〉，《工商時報》，11/24，A20。

顏彙燕，2014，〈端政見牛肉 鄭文燦推社福 Lucky7 鄭文燦：每胎生育 3 萬元補助；3 歲以下育兒津貼每月 3 千；建造社會住宅 照顧青年、勞工及弱勢家庭〉，《聯合報》（地方版），8/29，B1。

潘姿羽，2015，〈營建署：五都 12 處蓋社會宅〉，《經濟日報》，7/18，B2。

趙永茂，2007，〈從地方治理論臺灣地方政治發展的基本問題〉，《政治科學論叢》，31，1–38。

趙永茂，2008，〈地方自治面臨的挑戰與發展趨勢〉，《研習論壇月刊》，91，1–14。

趙榮琳，2015，《由「居住」到「生活」—日本社會住宅的

社會整合與創新》，新北市：天主教輔仁大學非營利組織管理碩士學位學程在職專班碩士論文。

藍鈞達、邱金蘭，2010，〈立院決議 土銀停售 500 坪以上地〉，《經濟日報》，12/2，A21。

羅思東譯，2012，《城市極限》，上海：上海人民出版社。譯自 Paul E. Peterson. City Limits. Chicago:The University of Chicago Press. 1981.

羅介妤，2011，〈社會住宅打頭陣 浮洲合宜住宅動土 將造福 4480 戶〉，《聯合報》，12/13，A11。

管婺媛，2010，〈避免階層化 不僅「居易」更要「居樂」〉，《中國時報》，10/15，A2。

管婺媛，2011，〈《住宅法》三讀通過 社會住宅 至少 10％供弱勢租住〉，《中國時報》，12/14，A5。

管婺媛，2012，〈立院初審過關 供弱勢租住社會住宅 提高到卅％〉，《中國時報》，6/8，A4。

管婺媛，2014，〈房地合一稅收蓋社宅 財長打槍〉，《中國時報》，9/23，A5。

管婺媛，2015，〈小英推不動產政策 社會宅包租代管 享自用稅率〉，《中國時報》，10/1，A4。

管婺媛、吳泓勳，2014，〈財部釋 32 地築巢 多在南部〉，《中國時報》，10/6，A7。

管婺媛、陳文信、周志豪、呂昭隆，2011，〈北市想蓋「小帝寶」與立院爭地〉，《中國時報》，7/23，A4。

崔慈悌，2011，〈馬：將提短中長期住宅政策〉，《工商時報》，7/2，A4。

崔慈悌，2014，〈回應巢運 民進黨：加速提升社宅存量〉，《工商時報》，10/5，A2。

賈寶楠，2014，千億蓋公宅 游辦：可設行政法人〉，《聯合報》（地方版），7/23，B1。

殷偵維，2011，〈7 低收戶簽切結書 獲緩拆數日〉，《中國時報》，12/2，C1。

錢震宇，2011，〈馬：支持社會住宅運動〉，《聯合報》，10/5，A11。

錢震宇、李順德，2011，〈壓低雙北房價 馬：開發淡海新市鎮 約百公頃土地 大量供應住宅 讓大家買得起 關於社會住宅 近期將端出牛肉〉，《聯合報》，6/30，A2。

譚宇哲，2016，〈首座 BOT 最快 11 月可入住 三重青年社宅亮相 租金 6200 元起〉，《中國時報》，8/11，A7。

譚宇哲，2017，〈世大運選手村分批取得使照 4 年 8 萬戶社宅賴揆有信心〉，《中國時報》，9/24，A13。

賴佑維、邱立雅，2019，〈鄭文燦出任蔡全競總總督導 蔡打包票 社會住宅 8 年 20 萬戶〉，《中國時報》，12/2，A2。

賴昭穎、何醒邦，2010，〈居民反對 銀髮宅蓋不成 憂救護車、外籍看護進出 憂房價下跌 此例一開 社會住宅會不會都沒下文？〉，《聯合報》，12/15，A1。

臺北市政府，2015，〈臺北市政府興辦公共住宅基地設置服務設施原則〉，植根法律網網頁，https://www.rootlaw.com.tw/LawArticle.aspx?LawID=B010130061001300-1040917，2021/4/30。

臺北市政府，2019，〈臺北市社會住宅社區營運管理要點〉，臺北市法規查詢系統，http://www.laws.taipei.gov.tw/lawsystem/wfLaw_ArticleContent.aspx?LawID=P13Q3004-20190920&RealID=13-17-3004&PN=ALL，2021/4/30。

臺北市都市發展局，2018，《臺北市社會住宅展簡介》，臺北：臺北市都市發展局。

臺北市政府都市發展局，2021，〈臺北市政府都市發展局社會住宅「規劃設計階段」注意事項一覽表〉。

臺灣物業管理學會，2018，《社會住宅規劃設計及興建與營運管理作業參考手冊》，臺北：內政部營建署委託研究案。

魏莨伊，2015，〈都更容獎逾 30% 超出須捐公益〉，《聯合報》（地方版），2/17，B1。

魏莨伊，2016，〈1 到 4 樓警用 6 到 9 樓只租不賣 派出所、社宅共構 明年可入住〉，《聯合報》（地方版），6/27，B2。

廖庭輝，2019，〈空屋多不用蓋公宅？談柯文哲公宅政策大開倒車〉，鳴人堂網頁，https://opinion.udn.com/opinion/story/12838/3779029，2019/8/1。

薛莘儒，2013，《臺北市公有住宅之政治經濟分析，1945–2002》，臺北：國立臺灣大學政治學系碩士論文。

薛孟杰，2011，〈《立院觀測站》住宅法進入立法程序〉，《工商時報》，5/1，A9。

蘇子喬，2020a，〈第六章民主與獨裁〉，王業立（編），《政治學與臺灣政治》，臺北：雙葉書廊有限公司，頁127–164。

蘇子喬，2020b，〈第九章行政部門〉，王業立（編），《政治學與臺灣政治》，臺北：雙葉書廊有限公司，頁227–256。

蘇子喬、沈有忠、胡全威，2020，〈第二章政治學研究途徑〉，王業立（編），《政治學與臺灣政治》，臺北：雙葉書廊有限公司，頁 21–46。

蘇木春、洪敬浤，2015，〈西屯將蓋社會住宅 居民反對〉，《聯合報》（地方版），11/14，B2。

蘇芳禾，2012，〈500 坪以下 國有地解禁 立委社團反對〉，《聯合晚報》，8/26，A2。

蘇秀慧，2003，〈庇弱勢者有其屋 將建社會住宅只租不售 低於市價租金或提供津貼、低利貸款 供中低所得家庭人人有屋住〉，《民生報》，10/10，A4。

蘇秀慧，2011a，〈合宜＆社會住宅四年要蓋 1 萬戶〉，《經濟日報》，8/11，A17。

蘇秀慧，2011b，〈住宅法草案 政院周四通過 因應高房價 將建只租不售「社會住宅」〉，《經濟日報》，9/19，A19。

蘇秀慧，2012，〈雙北社會住宅 借鏡荷蘭經驗〉，《經濟日報》，7/23，C8。

鄭任汶，2020，〈第十三章利益團體〉，王業立（編），《政治學與臺灣政治》，臺北：雙葉書廊有限公司，頁349–378。

鄭宏斌，2010，〈火力全開 綠營質疑：替郝解套 拿香跟拜〉，《聯合報》，11/2，A4。

鄭宏斌，2012，〈李鴻源：社宅絕沒重北輕南〉，《聯合報》，9/23，A3。

鄭宏斌，2015，〈張景森：中央地方合作蓋社宅〉，《聯合報》，8/31，A4。

鄭宏斌、黃驛淵，2011，〈居住正義 蔡宋：實價課稅〉，《聯合報》，12/18，A2。

鄭宏斌、林河名，2014，〈本報民調 房價物價 北市民最關心 柯文哲：蓋公共住宅 讓青年住得起 沈富雄：補貼無殼蝸牛 建社會住宅 連勝文：調高房屋稅 用於住宅補貼〉，《聯合報》，6/14，A2。

鄭筑羚，2011a，〈好所在 3 處社宅 名建築師規畫〉，《聯

合報》（地方版），8/12，B1。

鄭筑羚，2011b，〈社宅善用空餘屋 擬補貼推動〉，《中國時報》，9/4，B1。

鄭國樑，2015，〈社宅有譜 砸35億籌建3500戶〉，《聯合報》（地方版），10/10，B2。

鄭閔聲、羅融，2010，〈蔡英文：別只是選舉時講講〉，《中國時報》，10/15，A2。

鄭傅儒，2019，〈探索德國老年共同住宅〉，《建築師》，4：38–43。

劉朱松，2016a，〈全台首例 將興辦300戶！最低民間投資金額11億 特許年期53年！盼建商、壽險踴躍投標 臺中採BOT模式蓋社會宅〉，《工商時報》，9/21，A4。

劉朱松，2016b，〈斥資5億 中市建第4處社會住宅〉，《聯合報》（地方版），10/28，A23。

劉宛琳，2017，〈國家設都更中心 初審通過〉，《聯合報》，11/21，A11。

劉俐珊，2014，〈五力指標 購屋苦 教育力也欠佳 交通表現亮眼〉，《聯合報》，8/26，A4。

劉開元，2011，〈社會住宅大餅 家暴婦女吃不到〉，《聯合晚報》，12/15，A11。

饒磐安、孟祥傑，2010，〈選戰傳真 新店總部成立 蔡打造藝術重鎮〉，《聯合報》（地方版），10/24，B1。

聯合國大會，1966，〈經濟社會文化權利國際公約（International Covenant on Economic Social and Cultural Rights）〉，東吳大學網頁，http://www.scu.edu.tw/hr/document_imgs/documents/d3.pdf，2019/1/29。

謝雅婷，2017，《臺灣社會住宅政策之反思—以外國經驗為借鏡》，臺北：中國文化大學都市計劃與開發管理學系

碩士論文。

簡學義，2021，〈臺灣「社會住宅」的省思〉，《建築師》，2，76–77。

蕭又安，2021，〈雲林縣「斗六好室」社宅統包工程招標〉，MyGoNews 網頁，https://www.mygonews.com/news/detail?news_id=203888，2021/6/13。

蕭全政，2006，《政治與經濟的整合》，臺北：基礎文化創意出版社。

蕭全政，2020，《臺灣政治經濟學》，臺北：時報文化出版社。

Forrest, Ray，2012，〈社會住宅：過去、現在和未來〉，《住宅學報》，21（2），91–99。

Jeroen van der Vee，2011，〈荷蘭阿姆斯特丹住宅協會的角色與歷史〉，《居住正義與社會包容：社會住宅國際研討會》，58–75。

二、英文部分

Brushett, Kevin. 2007. "Where will the People Go: Toronto's Emergency Housing Program and the Limits of Canadian Social Housing Policy, 1944–1957. " Journal of Urban History, 33(3): 375-399.

Harloe, M. 1995. The People's Home?: Social Rented Housing in Europe & America. USA: Blackwell.

Henriquez, S. 2011. "Wandering in the Wilderness Forty Years-A Review of Government Subsidy Programs and the Housing Situation in Taiwan. " International Conference on Social Housing in Taiwan, 8–20.

March, J. G. and Olsen, J. P. 1984. "The New Institutionalism: Organizational Factors in Political Life. " The American

Political Science Review, 78(3), 734-749.

Schattschneider, E. E. 1960. The Semi-Sovereign People: A Realist' s View of Democracy in American. Hinsdale, Illinois, The Dryden Press.

Stone, Clarence N. 1989. Regime Politics: Governing Atlanta, 1946-1988. Lawrence: University Press of Kansas.

謝誌

　　這本書是我於國立臺灣大學社會科學院政府與公共事務碩士在職專班的碩士論文，經過 2 年增補資料而完成的，得以順利完成來自許多人的協助，致上誠摯的敬意與謝忱。

　　感謝恩師蕭全政教授的論文教導，恩師強調需思考社會住宅政策涉及的整體政經結構與脈絡的流轉關係，以及「偏差」和「偏差動員」概念，銘感於心。

　　感謝曾旭正教授及黃麗玲教授對於當時的碩士論文，給予寶貴建議，您們批判性的思考及對於社會弱勢者的關懷，一直是我學習的楷模。

　　感謝臺灣大學政府與公共事務碩士在職專班師長們的教導，讓我感受到學術殿堂上知識的啟迪，特別是明居正教授、王業立教授、彭錦鵬教授、趙永茂教授、蘇彩足教授、張佑宗教授、王宏文教授、林子倫教授及洪美仁教授。也感謝淡江大學建築學系所，以及國立雲林科技大學設計學研究所求學時的邱上嘉教授、米復國教授及黃瑞茂教授，對我論文寫作及建築設計上的指導。

　　感謝第 17 屆同班同學們及徐欣蕾助教帶來美好的研究

生活回憶。

感謝從撰寫論文到完成這本書的幾年間，徐詩思小姐、楊淑梅小姐、林秀怡小姐、周淑文小姐、謝時瑩小姐的鼓勵與協助。

感謝父親張鶴萬先生、母親廖素錢女士、岳父盧昭男先生、岳母施玉美女士、太太盧幸娟、女兒張愷容及兒子張祐嘉，帶給我美滿的家庭生活。

感謝蘭臺出版社願意出版本書，沈彥伶主編及團隊同仁們，辛苦您們了。本書挑選的封面，是臺北市興隆一區社會住宅，這棟社會住宅是我第一次進到社會住宅室內空間現場調查，對自己有特別深刻的意義。

希望這本書能提供社會住宅研究一點點微薄的學術研究成果。

國家圖書館出版品預行編目資料

臺灣社會住宅政策之政經分析,2010-2020 / 張志源著. --
初版. -- 臺北市：蘭臺出版社, 2024.01
　面；　公分. --（台灣社會文化研究叢書；4）
ISBN 978-626-96643-6-8(平裝)

1.CST: 住宅政策 2.CST: 住宅問題 3.CST: 臺灣

542.6933　　　　　　　　　　　　112005221

台灣社會文化研究叢書 4

臺灣社會住宅政策之政經分析，2010-2020

作　　者：張志源
編　　輯：沈彥伶
美　　編：塗宇樵
校　　對：楊容容、古佳雯
封面設計：塗宇樵
出　　版：蘭臺出版社
地　　址：臺北市中正區重慶南路1段121號8樓之14
電　　話：(02)2331-1675或(02)2331-1691
傳　　真：(02)2382-6225
E—MAIL：books5w@gmail.com或books5w@yahoo.com.tw
網路書店：http://5w.com.tw/
　　　　　　https://www.pcstore.com.tw/yesbooks/
　　　　　　https://shopee.tw/books5w
　　　　　　博客來網路書店、博客思網路書店
　　　　　　三民書局、金石堂書店
經　　銷：聯合發行股份有限公司
電　　話：(02) 2917-8022　　傳真：(02) 2915-7212
劃撥戶名：蘭臺出版社　　　　帳號：18995335
香港代理：香港聯合零售有限公司
電　　話：(852) 2150-2100　　傳真：(852) 2356-0735
出版日期：2024年1月 初版
定　　價：新臺幣360元整（平裝）
ISBN：978-626-96643-6-8